축제에서 찾은 동물권 이야기

생각하는 어린이 ⑤

축제에서 찾은 동물권 이야기

초판 인쇄	2022년 11월 15일
초판 발행	2022년 11월 20일
글쓴이	서민
그린이	박선하
펴낸이	이진곤
펴낸곳	씨앤톡
임프린트	리틀씨앤톡
출판등록	제 313-2003-00192호(2003년 5월 22일)
주소	경기도 파주시 문발로 405 제2출판단지 활자마을
전화	02-338-0092
팩스	02-338-0097
홈페이지	www.seentalk.co.kr
E-mail	seentalk@naver.com
ISBN	978-89-6098-845-3 74800
	978-89-6098-827-9 (세트)

ⓒ 2022, 서민

- 저작권법에 의하여 한국 내에서 보호를 받는 저작물이므로 무단전재 및 복제를 금합니다.
- KC마크는 이 제품이 공통안전기준에 적합하였음을 의미합니다.

KC	모델명	축제에서 찾은 동물권 이야기	제조년월	2022. 11. 20.	제조자명 씨앤톡	제조국명 대한민국
	주소	경기도 파주시 문발로 405 제2출판단지 활자마을	전화번호	02-338-0092	사용연령	7세 이상

은 씨앤톡의 어린이 브랜드입니다.

축제에서 찾은 동물권 이야기

서민 글 | 박선하 그림

리틀 씨앤톡

작가의 말

축제 속 동물들도 즐거웠을까요?

여러분은 축제에 참여하는 것을 좋아하나요? 축제를 떠올리면 멋진 공연과 여기저기 들려오는 신나는 음악 소리와 흥에 겨워 신이 난 사람들이 생각나요. 아차, 다양하고 맛있는 음식들도 빼놓을 수 없고요.

우리나라는 물론이고 전 세계에는 다양한 축제가 있어요. 그만큼 이야깃거리도 많지요. 이 책에도 다양한 축제에 대한 이야기가 나와요. 정확히 말하면, 화려하고 즐거운 축제 뒤에 숨겨진 슬픈 동물들의 이야기지만요.

혹시 축제에서 동물을 본 적이 있나요? 축제의 개막식이나 폐막식 공연이나 다양한 쇼, 행진 등의 모습이었나요? 아니면 경주나 시합, 싸움, 사냥 등에 이용되는 모습을 보았나요? 우리 인간들에겐 신기하고 재미난 볼거리이고, 내기로 즐거움을 얻거나 사냥 실력을 뽐낼 수 있는 절호의 기회일 수도 있어요.

하지만 그 축제 속에 참여한 동물들에겐 어떨까요? 오로지 인간의 즐거움을

위해 강제로 동원되어 극심한 신체적인 고통을 당하거나 무참하게 희생되고 있는 동물들에게도 축제가 즐거운 잔치일까요?

   동물은 인간들이 마음대로 이용하고 버려도 되는 물건이 아니에요. 지구라는 멋진 생태계를 함께 이루고 있는, 인간과 같은 소중한 생명을 지닌 존재들이죠. 그래서 우리는 동물들이 고통받거나 학대당하지 않을 권리인 동물권을 존중하려는 마음을 갖고 그것을 생활 속에서 실천하려고 노력해야 해요.

   우리 친구들이 이 책을 통해 동물들이 겪고 있는 고통에 귀를 기울이고 평화롭고 조화롭게 함께 살아가고자 하는 마음을 가졌으면 좋겠어요.

서민

작가의 말 4

제1장 세계적인 스포츠 축제, 동물들도 함께 즐거울 순 없나요? 9

    가족이 된 이고르 10
    월드컵 축제 속으로 22
    동물권을 찾았다! 26
    그래서 지금은? 30

제2장 핏빛 바다, 고래의 울음소리가 가슴 아파요 35

    소중한 전통 vs 잔인한 사냥 36
    그라인다드랍 축제 속으로 47
    동물권을 찾았다! 51
    그래서 지금은? 56

제3장 싸우는 건 나쁘다면서 왜 재미로 싸우게 하죠? 61

    생명은 모두에게 소중해 62
    산 페르민 축제 속으로 74
    동물권을 찾았다! 78
    그래서 지금은? 84

제4장 화려한 장식 속에 가려진 코끼리의 눈물을 아시나요? 87

딜리니, 널 꼭 지켜 줄게 88
에살라 페라헤라 축제 속으로 100
동물권을 찾았다! 104
그래서 지금은? 108

제5장 경마장이 아닌 초원을 함께 달리고 싶어요 113

초원을 달리고 싶었던 모리스 114
멜버른 컵 축제 속으로 125
동물권을 찾았다! 130
그래서 지금은? 133

제6장 낙타 미모 경연 대회를 발칵 뒤집은 성형 스캔들! 137

진짜 아름다운 낙타 찾기 138
압둘아지즈 국왕 낙타 축제 속으로 152
동물권을 찾았다! 156
그래서 지금은? 160

제1장

세계적인 스포츠 축제, 동물들도 함께 즐거울 순 없나요?

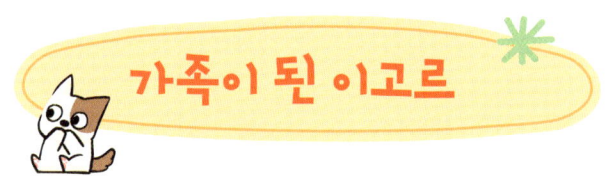

가족이 된 이고르

떠돌이 개들의 의문스러운 죽음

'D-30'

교문 앞에 크게 적힌 숫자가 미하일의 눈에 들어왔어요. 미하일이 사는 모스크바에서 열릴 러시아 월드컵이 이제 한 달 앞으로 다가온 거예요. 온 도시가 세계적인 스포츠 축제를 준비하는 즐거움으로 잔뜩 들떠 있었어요. 축구 선수가 꿈인 열한 살 미하일도 그날을 손꼽아 기다렸지요.

교실 안으로 들어서니 친구들이 보리스 주위에 몰려 있었어요.

"보리스가 뒷골목에서 죽어 있는 개들을 봤대."

"뭐? 개들이 왜 죽어 있어?"

친구들의 말을 듣고 미하일은 두 눈이 휘둥그레졌어요.

"그거 거리 청소하는 거잖아. 지난 소치 올림픽 때도 떠돌이 개랑 고양이 엄청 죽었어."

뭐든지 아는 척하기 좋아하는 마리나가 갑자기 끼어들었어요.

미하일과 친구들은 마리나의 말을 믿을 수가 없었어요.

잠시 후 선생님께서 들어오셨지요.

"선생님, 보리스가 떠돌이 개들이 거리에 죽어 있는 걸 봤대요. 근데 마리나는 그게 거리 청소한다고 일부러 죽인 거래요. 맞아요?"

"아……. 월드컵이 열리면 각국의 선수를 비롯해 많은 관람객이 방문하잖아요. 우리나라의 깨끗한 이미지를 위해 떠돌이 개들을 나라에서 정

리하는 거예요. 아무래도 보기에도 좋지 않고 비위생적이니."

"정리요? 살아 있는 개들을 어떻게 정리해요?"

"아, 그러니까 개들을 보호소에 보내는 거죠. 평소에도 떠돌이 개들의 수가 너무 늘지 않게 중성화 수술을 해 주고 보호소도 운영하는 업체들이 있어요."

선생님의 설명을 듣고 있는데, 마리나가 귓속말로 속삭였어요.

"그냥 개 사냥꾼들이야. 독약이나 독침으로 바로 죽이거나, 보호소 데려간다고 잡아가서 그냥 도살한대. 우리 오빠가 직접 봤대."

곧이어 수업이 시작됐지만, 미하일의 귀에는 아무 말도 들어오지 않았지요. 왜냐하면 지금도 거리를 헤매고 있을 이고르가 걱정돼서 견딜 수가 없었거든요.

쉿! 이고르 비밀 수호 작전

미하일은 세 달 전 하굣길에서 이고르를 처음 만났어요.

잠시 벤치에 앉아 소시지 하나를 먹으려는데, 떠돌이 개 한 마리가 곁에 다가와 뚫어지게 쳐다보는 거예요. 미하일은 깡마른 몸에 쓸쓸해 보이는 눈이 안쓰러워 소시지를 던져 줬지요.

그때부터 미하일이 학교를 마치고 나오면, 이고르는 기다렸다는 듯이 나타나 집까지 따라오기 시작했어요. 처음엔 더러운 개가 졸졸 쫓아오는 것이 귀찮았지만 이젠 학교에서 있었던 일들을 들려주며 집까지 함께 걷는 게 일상이 되었지요. 물론 도착하면 챙겨온 소시지를 건네주는 것도 잊지 않았고요.

그렇게 둘도 없는 친구가 되었어요. '이고르'라는 이름도 좋아하는 책 속의 개 이름을 따서 미하일이 직접 지어 준 거예요.

미하일은 학교가 끝나자마자 교문을 지나 전속력으로 내달렸지요. 이고르를 찾으며 주위를 계속 두리번거렸어요. 그러고 보니 거리에 넘쳐나던 개들이 언제부턴가 거의 보이지 않았지요. 미하일의 가슴은 누군가 방망이질하듯 두근거렸어요.

그런데 그때 오른편 골목에서 귀에 익은 개 짖는 소리가 들렸어요. 이고르가 꼬리를 흔들며 미하일을 향해 달려오고 있었죠.

다행히 이고르는 무사했어요. 하지만 언제 개 사냥꾼한테 잡혀갈지 모를 일이었죠. 미하일은 수업 시간 내내 계획했던 일을 시작하기로 했어요. 일명, '이고르 비밀 수호 작전!'

미하일은 여느 때처럼 이고르와 함께 집으로 향했어요. 가는 길에 한 상점 앞에 놓인 종이 상자도 하나 챙겼지요. 그리고 집 앞에 도착하자

이고르를 현관문 안으로 밀어 넣었어요. 작전이라고 거창하게 이름 붙였지만, 사실은 집에서 몰래 데리고 있으려는 거예요. 엄마가 아시면 난리 나겠지만 일단 다른 방법이 떠오르지 않았거든요.

　미하일은 이고르를 데리고 차고 뒤편으로 갔어요. 그곳에는 당분간은 쓸 일 없는 짐수레와 낡은 서랍장 등이 놓여 있었지요. 미하일은 그 옆에 아까 챙겨온 종이 상자를 깔았어요.

　"멍멍."

"쉿! 이고르. 지금 거리에서 지내면 개 사냥꾼에게 잡혀갈지도 몰라. 그러니까 월드컵 끝날 때까지만 여기서 조용히 지내자. 응?"

미하일은 왼쪽 검지를 입술에 갖다 대며 이고르를 조용히 달랬지요.

그날부터 미하일은 가족들 몰래 이고르를 돌봤어요. 먹이를 챙겨 주고 빳빳한 비닐 포대를 높게 세워 비나 강한 햇빛을 피할 지붕도 세워 주었어요.

수상한 하얀 트럭과 이고르의 실종

그렇게 일주일이 흘렀어요.

다행히 이고르는 아무에게도 들키지 않고 잘 지냈어요. 하지만 언제 들킬지 몰라 늘 불안했지요. 미하일은 수업이 끝나자마자 서둘러 집으로 향했어요.

"야, 미하일. 오늘도 축구 안 해? 너 요즘 수상해."

축구광인 미하일이 바로 집으로 가는 걸 보고 보리스가 큰 소리로 외쳤지요. 그러나 미하일은 귀찮다는 듯 손을 흔들어 보일 뿐이었어요.

집으로 정신없이 달려가는데 골목에서 갑자기 흰 트럭이 튀어나왔어요. 미하일은 깜짝 놀라 멈춰 섰지요. 차도 그런 미하일을 보고 급히 멈췄어요. 운전하던 아저씨가 미하일을 보며 욕을 해댔어요. 옆자리 아저씨도 험상궂은 얼굴로 미하일을 노려보았고요.

미하일은 그저 죄송하다고 연거푸 머리를 조아렸어요. 어느새 차가 다시 출발했고 '떠돌이 개 전문 보호 업체'라는 글씨가 미하일의 눈에 선명하게 들어왔지요. 갑자기 마리나가 말했던 개 사냥꾼 이야기가 생각났어요. 아까 무섭게 욕하며 화내던 아저씨들의 얼굴이 떠오르자 등골이 오싹했지요. 하지만 이내 두려운 마음을 떨쳐버리고 다시 집으로 황급히 달렸어요.

집에 도착해 보니 문이 열려 있었어요. 그리고 이고르가 보이지 않았어요. 종이 상자도요. 그곳엔 뜻밖에도 엄마가 서 있었어요.

"미하일, 너였니? 더러운 떠돌이 개를 집에 들인 사람이?"

"엄마, 이고르는 어디 있어?"

"이고르? 그 개 말이니? 모르지. 엄마는 놀라서 집 밖으로 내보내기만 했는데."

"뭐? 그냥 내보내면 어떡해. 이고르는 그냥 떠돌이 개가 아니야. 내 친구라고."

엄마를 향해 소리치는 미하일의 두 눈엔 원망이 가득했어요. 당황한 엄마가 뭐라고 말씀하려고 하셨지만, 미하일은 그냥 밖으로 뛰쳐나갔어요. 내내 마음에 걸렸던 하얀 트럭이 생각났지요.

이고르는 내 소중한 친구야

"미하일, 무슨 일이야?"

정신없이 대문을 박차고 집 밖으로 나온 미하일 곁으로 보리스와 친구들이 다가왔어요.

미하일은 하는 수 없이 자초지종을 설명했지요. 그러자 친구들이 자기들도 돕겠다고 따라나섰어요. 미하일은 불안한 마음에 계속 눈물이 터져 나올 것 같았지만 꾹 참으며, 이고르가 제발 죽지 않고 살아 있기를 마음으로 수백 번 기도했어요.

　좁은 골목으로 들어서자 텅 빈 거리에 하얀 트럭 한 대가 서 있었어요. 트럭 뒤편에서 개가 슬프게 짖는 소리가 들려왔죠. 미하일과 친구들은 재빨리 소리가 나는 쪽으로 뛰어갔어요.

　"이고르! 살아 있었구나. 저기요, 아저씨, 지금 뭐 하시는 거예요? 내 개를 돌려주세요."

　그곳엔 한 아저씨가 이고르를 두 팔로 강하게 붙잡고 다른 한 아저씨가 약물이 들어 있는 주사기를 들고 서 있었어요. 아이들이 갑자기 나타나자 주사기를 들고 있던 아저씨가 손을 뒤로 잽싸게 감추었어요. 그러더니 큰 소리로 윽박지르듯이 말했지요.

　"거짓말하면 못써. 이건 딱 봐도 떠돌이 개잖아. 우리 바쁘니까 시끄럽게 떠들지 말고 어서 꺼져!"

　미하일과 친구들은 순간 겁을 먹고 움찔했지만 이대로 물러설 수는 없었어요. 친구들은 다짜고짜 무섭게 으름장을 놓던 아저씨의 몸에 마구 매달렸어요. 그리고 미하일에게 눈짓했지요. 미하일도 용기를 내서 이고르를 잡고 있던 아저씨한테 달려갔어요.

그러자 아저씨가 돌연 태도를 바꿨어요. 이고르를 거칠게 붙잡고 있던 팔을 풀고 품에 안아 들며 부드럽게 이야기했지요.

"얘들아, 아저씨들이 혹시 개를 해칠까 봐, 그래? 아니야. 아저씨들 그런 나쁜 사람들 아니야. 앞으로 월드컵 시작되면 애네들 어디 가나 찬밥 신세일 거야. 그래서 우리가 좋은 곳으로 데려가서 돌봐 주려는 거야."

"그래. 이제 알았을 테니 나한테서 그만 떨어지렴. 학교 끝났으면 어서 집에 가야지."

다른 아저씨도 갑자기 나긋한 목소리로 어르기 시작했어요.

"아니야! 아저씨 손에 든 주사기, 그거 독약이잖아요. 다 알아요. 빨리 개를 돌려주세요!"

"아, 이거 말로 해서는 안 되겠네. 어린애들이라고 좋게 타일러서 보내려고 했더니 말이야. 목줄도 없고 이게 어딜 봐서 네 개라는 거야? 어휴, 이걸 그냥."

아이들이 계속 말을 듣지 않자 아저씨들의 표정이 한층 더 험상궂게 변했어요. 힘으로 아이들을 밀어내고 미하일에게 다가가 주먹을 치켜들었지요.

그때였어요.

"거기! 지금 뭐 하시는 거예요? 어디 애들한테 폭력을 쓰려고."

언제 오셨는지 미하일의 엄마가 큰 소리로 외쳤어요. 급하게 집을 뛰쳐나간 미하일이 걱정돼서 따라오셨던 거예요.

"엄마! 도와줘. 이고르 좀 구해 줘. 앞으로 엄마 말도 잘 듣고 공부도 더 열심히 할게."

미하일은 결국 참고 있던 눈물을 쏟아냈어요. 엄마는 못 말리겠다는

표정으로 그런 미하일을 안아 주었어요. 그리고 한숨을 한번 크게 내쉬더니 아저씨들을 향해 소리쳤지요.

"거기 아저씨들, 그 개 우리 개예요. 어서 돌려주고 빨리 사라져요. 안 그러면 아동 학대로 경찰한테 신고할 거예요!"

엄마가 휴대전화를 높이 들며 전화하는 척을 하자 아저씨들은 이고르를 내려놓고는 황급히 트럭을 출발시켰어요.

"엄마, 애들아, 고마워. 이고르, 어서 이리 와. 같이 우리 집에 가자."

미하일은 이고르를 향해 손을 뻗었지요.

이렇게 이고르는 미하일과 한 가족이 되었어요.

그리고 며칠 후 기다리고 기다리던 월드컵이 시작됐답니다. 미하일은 가족들과 함께 개막식을 보려고 텔레비전 앞에 앉았어요. 물론 미하일 옆에는 이고르가 함께였죠.

그런데 이고르의 눈이 왠지 슬퍼 보였지요. 혹시 지금 이고르가 화면 속 익숙한 거리를 바라보며 사라져 버린 친구들을 찾고 있는 건 아닐까 하는 생각이 들었어요.

세계적인 축구 대회, 월드컵!

월드컵은 어떤 축제인가요?

FIFA 월드컵(FIFA World Cup)은 국제 축구 연맹(FIFA)에 가입한 나라의 남자 축구 국가대표팀이 참가하는 세계적인 축구 대회야. 첫 대회였던 1930년 우루과이 월드컵 이후로 4년에 한 번씩 열리고 있지. 단, 제2차 세계대전으로 열리지 못한 1942년과 1946년만 빼고 말이야.

대회는 예선과 본선의 두 부문으로 치러져. 예선은 본선에 진출할 32팀을 가려내기 위해 3년 일찍 시작하지. 그리고 본선은 개최국에 마련된 경기장에서 대략 한 달 정도 우승을 놓고 경쟁하는 방식으로 진행된단다.

지금까지 역대 최다 우승팀은 5회 우승한 브라질이고, 최다 우승자는 펠레로

브라질이 3회 우승하는 데 기여했지. 월드컵에서 가장 많은 득점을 한 선수는 16골을 넣은 독일의 미로슬라프 클로제야. 앞으로 또 어떤 기록이 펼쳐질까?

동유럽에서 최초로 열린 러시아 월드컵

제21회 FIFA 월드컵(현지 기준 2018년 6월 14일~7월 15일)은 역대 개최국 가운데 가장 넓은 나라인 러시아에서 열렸어.

러시아는 과거 옛 소련 냉전 시대에 미국과 맞먹을 정도의 강국이었지. 특히 우주 개발에 적극적이었어. 그래서인지 월드컵 공식 로고를 최초로 공개할 때 국제우주정거장(ISS)에 머무는 러시아 우주비행사 세 명이 참여해 화제를 모으기도 했지. 공식 로고에 별이 그려진 둥근 원도 옛 소련 시절인 1957년 10월 4일 세계 최초로 발사된 인공위성 '스푸트니크 1호'를 모델로 한 거야.

그리고 월드컵의 마스코트는 늑대를 의인화한 모습의 자비바카가 선정되었어. 러시아 국민 투표로 뽑은 건데, 러시아어인 자비바카는 '득점자'라는 뜻이지. 러시아에 실제로 사는 '회색 늑대'라고 불리는 유라시아 늑대가 바로 그 모델이야. 유럽과 아시아를 잇는 러시아의 이미지를 잘 담았지.

➕ 지식플러스

우주로 간 최초의 떠돌이 개 '라이카'

옛 소련에서 우주 궤도를 최초로 비행한 동물은 떠돌이 개, '라이카'였어요. 라이카는 무중력 및 기압 적응 훈련, 고온·저산소 상태에서의 생존 훈련 등 20일간 혹독한 우주 비행 훈련을 받았어요. 1957년 11월 3일 스푸트니크 2호에 실려 우주로 발사되었지요. 해당 우주선은 처음 설계부터 돌아올 수 없게 만들어졌어요. 그래서 일주일 정도 생존했다가 독이 든 음식으로 안락사 시킨다는 계획 하에 생존 장치가 설치되어 있었지만 고온 속 산소 부족과 엄청난 소음으로 발사 일곱 시간 만에 죽었다고 해요. 라이카는 세계 최초로 우주를 개척한 개가 되었지만, 우주 실험동물로서 극심한 고통 속에서 죽어 갔던 것이 알려져 안타까움을 샀지요.

⭐ 우리나라에서도 월드컵이 열린 적이 있나요?

　물론이지. 우리 친구들은 아직 태어나기 전이라 잘 모르겠지만 말이야.

　바로 2002년 5월 31일부터 6월 30일까지, 제17회 대한민국·일본 월드컵이 열렸지.

　놀랍게도 월드컵은 물론이고, 다른 주요 국제 스포츠 대회 중에 두 개의 나라에서 공동으로 열린 것은 그때가 처음이었어. 21세기에 열린 첫 번째 월드컵이자, 아시아에서 열린 첫 월드컵이기도 해서 아주 특별했어.

　대한민국과 일본에 각각 10개씩 총 20개의 경기장에서 32개국이 64경기를 치렀어. 보통 월드컵은 유럽의 프로 축구 리그 일정에 맞춰서 6월 중순에서 7월 중순까지 열리는 경우가 많아. 하지만 대회가 열리는 대한민국과 일본은 이 시기에 장마철이기 때문에 조금 앞당겨서 열린 거야.

　대한민국은 이 월드컵에서 전체 4위라는 역대 최고의 성적을 거두었지. 우리나라 응원단을 붉은 악마라고 부르는 걸 들어본 적이 있을 거야. 그 당시 6월 한 달간 대한민국은 말 그대로 붉은색 물결로 뒤덮였었어. 정말 잊을 수 없는 시간이었단다.

국제 스포츠 축제와 동물들

러시아 월드컵에서 학대당한 또 다른 동물

러시아 월드컵이 열릴 당시 동물 학대로 논란이 된 동물은 단지 떠돌이 개나 고양이만이 아니었어. 러시아에서 유명한 서커스 곰인 팀(Tim)도 그중 하나였지.

월드컵 첫 경기는 바로 러시아와 사우디아라비아의 대결이었어. 결과는 개최국 러시아의 5대 0 완승이었지. 러시아의 수도이자 경기가 열렸던 도시 모스크바는 승리의 기쁨으로 들썩였어. 승리를 축하하는 거리 행진도 끝없이 이어졌지.

그 행렬에 조련사와 함께 오픈카를 탄 팀이 등장했어. 팀은 '부부젤라'라는 응원용 피리를 불면서 거리의 흥을 한층 더 높였어.

그런데 그렇게 팀이 부부젤라를 부는 모습과 또 조련사가 거칠게 부부젤라를 빼앗자 화가 난 듯 보이는 팀의 모습 등이 전파를 타고 전 세계로 중계되면서 큰 비난을 받았어. 바로 거대한 야생 동물인 곰이 인간의 재미를 위한 볼거리로 변해 버린 모습 때문이었지.

비둘기는 평화의 상징이라 고통받았어요

혹시 비둘기가 '평화의 상징'이라는 말 들어본 적 있어? 그래선지 비둘기는 평화의 축제로 불리는 올림픽에 여러 번 동원되었어.

심지어 1900년 파리 올림픽에서는 '살아 있는 비둘기 쏘기'라는 경기 종목까지 있었대. 그 경기에서는 300마리가 넘는 비둘기가 희생되었고, 그중 총 21마리를 쏘아 떨어뜨린 벨기에 선수가 금메달을 땄어. 거리는 온통 비둘기들의 사체와 피로 얼룩졌다니 상상만 해도 너무 끔찍하지? 다행히 그 경기는 잔인하다는 이유로 그때가 처음이자 마지막 경기가 되었어.

그리고 1988년 서울 올림픽 개막식 행사에서도 평화의 상징인 비둘기를 높이 날려 보냈어. 멋진 퍼포먼스를 기대했던 거지. 그런데 많은 비둘기가 성화대 주위로 내려앉았지 뭐야. 사회자는 살짝 당황하긴 했지만 불을 붙이면 비둘기들이 알아서 날아갈 것으로 생각하며 계속 진행했어.

드디어 성화대에 불이 붙었고 관객들은 손뼉을 치며 환호했지. 하지만 갑자기 치솟은 불길 속에서 미처 피하지 못하고 불 속에 남겨진 비둘기들이 있었던 거야. 그 모습이 전 세계에 생중계됐어.

부끄럽게도, 수십 년이 지난 지금까지도 서울 올림픽에는 '비둘기 통구이 사건'이 꼬리표처럼 따라붙게 되었어. 또한, 이 때문에 2012년 미국 시사 주간지인 「타임」에 '최악의 올림픽'으로 선정되는 불명예도 얻었단다. 당시 성화대 안에 불이 붙지 않은 난간이 있어서 실제로는 한 마리를 제외하고 모두 대피했다고 밝히기도 했지만, 여전히 비난은 끊이지 않아.

 올림픽 마스코트 실제 모델의 안타까운 죽음

지난 2016년 브라질 리우 올림픽에서도 동물이 희생되는 잔인한 역사가 반복되었어.

리우 올림픽의 마스코트는 '징가'라는 재규어 캐릭터였지. 이 캐릭터의 실제 모델인 17살 암컷 재규어 '주마'가 성화 봉송 행사에 동원되었어. 주마는 행사가 진행되는 동안 목줄을 한 채 얌전하게 잘 앉아 있었어.

하지만 행사 마지막에 이르러 너무 많은 인파 속에서 스트레스를 받은 탓인지 흥분해서 탈출을 시도한 거야. 마취총에도 아랑곳하지 않고 제압하려는 군인 쪽으로 달려들었지. 안타깝게도, 그 자리에서 군인의 총에 맞고 숨을 거두고 말았어. 그런데 알고 보니 주마가 탈출해서 가려고 했던 곳은 주마의 집인 동물원이었지.

올림픽에서 동물을 지키려는 노력

> **선수를 울게 한 나쁜 말?**

지난 2021년 7월 23일부터 8월 8일까지 일본 도쿄에서 2020 도쿄 올림픽이 열렸어.

그런데 여성 근대 5종 경기에서 선수의 명령에 따르지 않은 말 때문에 메달의 꿈을 접어야 했던 독일 선수가 있었지. 이 선수는 승마에 앞선 경기인 펜싱과 수영에서 중간 합계 1위를 차지해서 유력한 메달 후보였어.

하지만 승마에서 0점을 받으면서 메달을 놓치게 되었지. 경기가 끝난 후, 말을 통제하지 못해 우는 선수와 이를 비웃는 듯한 말의 표정이 담긴 사진이 공개되어 화제가 되기도 했어. 많은 사람들이 함께 안타까워한 사건이었어.

근대 5종 경기 규칙이 불러온 동물 학대

그런데 얼마 후 놀라운 사실이 밝혀졌어. 바로 사진 속 말은 웃는 게 아니라 위협을 느껴 불안한 표정을 지은 것이라는 거야. 그리고 선수의 코치가 경기 중 말에게 주먹질을 하는 등 동물 학대를 한 것이 드러나 사람들의 분노를 샀어.

이런 일이 발생하게 된 이유는 근대 5종 경기의 규칙 때문이야. 원래 말은 예민한 동물이라 승마에서는 사람과 말의 교감이 필요해. 하지만 이 종목은 적의 말을 빼앗아 탄다는 의미가 담겨 있어. 그래서 주최 측은 미리 말을 준비해서 경기 전에 말과 선수에게 단 20분 정도의 시간만을 준다고 해.

즉, 어떤 말을 탈지 모르는 선수에게 말 뽑기 운은 성적을 좌우할 만큼 중요해. 또한 말도 충분한 교감도 없이 많은 선수와 여러 경기를 치러야 하니 많은 스트레스를 받을 수밖에 없지. 사실 이런 이유로 동물 학대 논란이 늘 따라다녔어.

➕ 지식플러스

근대 5종 경기가 궁금해요!

근대 5종이라는 경기는 전쟁에서 유래했어요. 가까이에 있는 적을 칼로 제압하고(펜싱), 강을 헤엄쳐(수영), 적의 말을 빼앗아 타고(승마), 먼 거리의 적은 총으로 제압하고(사격), 달려서 적진을 돌파하는(육상) 과정을 표현한 것이지요. 종목별 점수를 합해 가장 높은 점수를 받는 선수부터 순서대로 금, 은, 동메달을 받게 돼요.

펜싱

수영

승마

사격

육상

사람만이 아니라 동물까지 생각하는 스포츠 축제로

 이번 일을 계기로 국제 근대 5종 연맹(UIPM) 집행위원회가 2028년 로스앤젤레스 올림픽부터 승마를 빼기로 했어. 사실 1912년 스톡홀름 올림픽부터 2020 도쿄 올림픽까지 100여 년이 넘는 시간 동안 단 한 번도 빠짐없이 치러졌던 근대 5종 경기에서 이런 변화는 놀라움 그 자체라고 볼 수 있어.

 스포츠 경기에서 참가하는 선수뿐만 아니라, 함께 뛰는 동물의 관점에서도 바라보고 오랫동안 유지해온 종목에 변화를 시도한 거지. 그만큼 많은 사람들에게 동물권에 대한 인식이 자리잡고 있다는 것을 알 수 있어.

 그리고 경기에서만이 아니라 경기 전 도시 정비와 개막식, 폐회식에서도 동물 학대 및 불필요한 동원이 없어지도록 많은 동물 단체가 노력하고 있단다.

교과서 속 동물권 키워드

 # 동물권 인간이라면 누구나 가지고 있는 당연하고 기본적인 권리를 인권이라고 해요. 동물권은 바로 이러한 인권의 의미를 동물에게도 적용하여 동물이라면 가지는 기본적인 권리를 뜻해요.

 # 동물실험 의학 및 과학적인 목적이나 화장품, 식품 등이 인체에 미치는 영향을 연구하기 위해 토끼, 원숭이, 개, 쥐, 고양이 등의 동물에게 실험하는 것을 말해요.

제2장

핏빛 바다, 고래의 울음소리가 가슴 아파요

소중한 전통 vs 잔인한 사냥

할아버지의 고향, 페로 제도

"할아버지, 드디어 출발이네요."

카밀라는 할아버지의 고향인 페로 제도로 가는 비행기에 올랐어요.

얼마 전 할아버지께서 요즘 고래 사냥 게임에 푹 빠져 있던 카밀라에게 젊었을 적 고향에서 고래를 사냥했던 이야기를 들려주셨어요. 그리고 그곳에는 지금도 매년 7~8월이 되면 '그라인다드랍'이라는 고래 사냥 축제가 열린다고 말씀해 주셨죠. 그 얘기를 들은 카밀라가 할아버지를 졸라 여행길에 나선 거예요.

어느새 비행기 창 너머로 깎아지른 듯한 절벽, 화산으로 만들어진 뾰족한 산 등 자연 그대로의 아름다운 경치가 손에 잡힐 듯 가까워졌어요.

도착해 보니 할아버지의 먼 친척뻘인 페터 아저씨가 카밀라 또래로 보이는 딸과 함께 마중 나와 있었죠.

"카밀라, 반갑다. 여긴 내 딸 헬렌이야. 열두 살이지."

"안녕하세요, 아저씨. 헬렌, 나도 열두 살이야. 만나서 반가워."

"어, 안녕. 나도 반가워."

적극적으로 다가서는 카밀라에게 헬렌도 수줍게 인사했어요.

"그런데 오늘도 그라인다드랍 해요? 고래 사냥 말이에요! 빨리 보고 싶어요."

카밀라는 축제를 볼 생각에 흥분된 마음을 감추지 못했어요. 모두 얼굴에 미소를 한가득 머금고 페터 아저씨네 차에 올라탔지요.

고래 사냥을 멈추라고?

차는 한동안 한적한 바닷길을 따라 달렸어요. 작은 마을들이 드문드문 보이는가 싶더니 사람들이 가득 모여 있는 해안가에 도착했어요.

차에서 내리자 헬렌이 카밀라의 손을 잡고 바다를 향해 달렸어요.

바다 저 멀리 여러 척의 고기잡이배들이 보였어요. 배들은 점점 해안 쪽으로 밀고 들어왔고 그 사이엔 고래 떼가 헤엄치고 있었지요. 아마도 여름이면 페로 제도를 지난다는 들쇠고래 떼 같았어요.

그런데 좀 이상했지요. 사람들이 고래를 잡으러 바다로 나가지 않는 거예요.

"배 타고 바다로 안 나가? 설마 이렇게 가둬 놓고 사냥하는 건 아니지?"

"이렇게 하지 않으면 한 마리도 잡기 힘들걸? 가둬서 잡으니 보통 하루에 50~80마리쯤 잡아. 간혹 100마리가 넘기도 하고."

그때였어요.

갑자기 어디선가 시끄러운 소리가 들렸지요. 돌아보니 웬 남자가 마치 한 마리의 고래처럼 몸을 다 덮는 매끈한 검정 수영복을 입고 사람들을 향

해 큰 소리로 외쳤어요.

"잔혹한 고래 사냥을 멈추세요. 매년 이 축제로 1000마리가 넘는 고래가 목숨을 잃어요! 고래가 사라지면 지구의 미래도 없습니다. 여러분, 지금 지구 곳곳은 심각한 기후 위기로 고통받고 있어요. 기후 위기를 극복하려면 이산화탄소 배출량을 줄여야 해요."

"그게 고래랑 무슨 상관이야? 이산화탄소 줄이려면 나무를 많이 심어

야지!"

모여 있던 사람 중 누군가 날카로운 목소리로 되물었어요.

"물론 나무를 많이 심는 것도 좋죠. 그런데 나무 한 그루가 매년 흡수하는 이산화탄소량은 22킬로그램 정도예요. 그런데 고래는 몸체가 큰 만큼 많은 양의 이산화탄소를 흡수해요. 대략 60여 년을 살면서 계속 이산화탄소를 흡수하고, 죽을 땐 흡수된 이산화탄소도 함께 깊은 바다 밑에 묻히는데 그 양이 한 마리당 평균 33톤이나 된답니다. 그러니 고래 한 마리를 보호하는 것은 나무 수천 그루를 심는 것과 마찬가지죠."

남자의 말이 끝나자 주위가 술렁거리기 시작했어요. 카밀라 축제에서 그렇게 많은 고래가 죽는다는 것도 놀라웠지만, 기후 위기에 고래가 도움을 준다는 사실이 더욱 놀라웠지요.

"당신 여기서 지금 뭐 하는 거야? 축제 분위기 망치게."

어디선가 축제 진행 요원들이 나타나 소리치던 남자를 행사장 밖으로 끌고 갔어요.

"고래를 죽이지 말아요, 제발. 고래가 죽으면 결국 우리도 죽어요!"

남자는 끌려가면서도 계속해서 사람들을 향해 소리쳤어요.

푸른빛 바다가 한순간에 핏빛으로

그새 고래 떼가 한눈에 들어올 만큼 가까워졌어요. 그러자 해안가에 모여 있던 어른 남자들이 일렬로 줄을 서서 물속으로 뛰어들었어요. 개중엔 앳된 얼굴들도 여럿 보였어요.

맨 앞에서 페터 아저씨가 작살을 든 채 서 있고, 그 뒤로 여럿이 작살에 연결된 밧줄을 잡고 있었지요. 아저씨가 고래의 등에 작살을 꽂아 넣자 뒤에 있던 사람들이 마치 줄다리기하듯 줄을 끌어당겼어요.

여기저기서 "끼익 끼익" 고래의 울음소리가 터졌죠. 고래들은 꼬리를 마구 휘저으며 발버둥 쳤지만 여럿이서 당기는 힘을 이기지는 못했어요.

고래의 머리가 육지에 거의 다다르자 야광 조끼를 입은 사람이 다가갔어요. 그러자 곧 고래의 움직임이 멈췄어요. 그 사이로 붉은 피가 쏟아져 나왔지요.

"저 조끼 입은 사람이 뭘 한 거야?"

"빨리 숨통을 끊으려고 칼을 꽂은 거야. 어차피 죽을 건데 너무 오래 고통받지 않게 하려는 우리 페로인들의 배려야. 저건 전문 자격증을 가진 사람만 할 수 있어. 조끼가 그 표시야."

헬렌의 입에서 나온 '배려'라는 말에 카밀라는 어떤 대답을 해야 할지 몰랐어요.

　어느새 주위를 가득 채우던 고래의 울부짖음이 잦아들었어요. 그리고 푸른빛의 바다는 순식간에 붉은 피바다로 변해 있었죠. 불과 5분 전에 바다를 가르며 힘차게 헤엄치던 수십 마리의 고래들은 이젠 죽은 채로 바닥에 늘어져 있었어요.

고래와 페로인 모두를 위한 일

주위로 어둠이 내려앉자, 사람들은 잡은 고래들을 넓은 공터로 옮겼어요. 환한 가로등 아래에서 내장을 분리하고 뼈에서 살을 발라냈죠.

헬렌도 동생 얀과 함께 아빠를 도와 고래를 해체했어요.

"카밀라, 너도 해 볼래? 여기선 어릴 때부터 고래 해체하는 걸 함께 한단다. 나는 내 아버지한테, 아버지는 또 할아버지한테 배웠지."

페터 아저씨가 권했지만, 카밀라는 찬 바닥에 죽어 있는 고래를 계속 보고 있을 수가 없었어요. 말없이 고개를 힘껏 가로젓고 건물 뒤로 뛰어갔어요. 주위에 아무도 없는 것을 확인하고 바닥에 철퍼덕 주저앉았지요.

"카밀라, 왜 여기에 혼자 앉아 있니?"

잠시 후, 할아버지께서 카밀라의 곁으로 다가오셨어요. 할아버지를 본 카밀라의 눈가에 물기가 어렸지요.

"할아버지, 우리 빨리 집에 가요. 저 여기에 더 있고 싶지 않아요."

"아니, 왜 그러니? 아름다운 페로 제도를 좀 더 구경하고, 축제도 즐기다 가야지."

"핏빛 바다 보셨잖아요. 고래의 슬픈 울음소리가 계속 귓가를 맴돌아요. 하나도 즐겁지 않다고요. 사냥 게임을 할 때는 고래들이 이렇게 고통

받는 줄 몰랐어요."

"카밀라, 많이 놀란 모양이구나. 이번 여름에만 1400여 마리나 사냥했다지. 뭐, 옛날에야 육지로 나갈 수도 없고 먹을 식량이 부족해서 고래 떼를 사냥하는 것이 너무나 당연했지만 이젠 다른 먹을거리도 많은데. 내가 봐도 좀 심하다 싶어."

할아버지도 못마땅하다는 듯 말씀하셨어요.

바로 그때, 언제부터 와 있었는지 페터 아저씨의 날 선 목소리가 공기를 갈랐어요.

"무슨 말씀이세요! 할아버지도 아시다시피 고래 사냥은 우리 페로인의 소중한 전통이라고요. 그리고 카밀라, 우리가 잔인하다니. 우린 그저 잡은 고래를 마을 사람들과 함께 나누고, 또 이웃 마을 사람들한테까지 다 나눠 주면서 공동체 문화를 다지는 거라고."

아저씨는 화가 단단히 나셨지요.

"다른 먹을거리로도 얼마든지 함께 나누며 어울릴 수 있잖아요. 아무리 전통이라도 이런 잔혹한 사냥은 멈춰야 해요!"

갑자기 어디서 그런 용기가 솟았는지 지금껏 누르고 있던 마음의 소리가 카밀라의 입 밖으로 쏟아져 나왔지요.

주위에서 축제를 즐기고 있던 많은 사람이 카밀라를 바라보았어요. 웃음기가 사라진 그들의 얼굴 위로 불쾌함이 내비쳤죠. 몇몇은 흥분한 듯 씩씩대며 험상궂은 얼굴로 다가왔어요.

놀란 카밀라는 저도 모르게 주춤거리며 뒤로 물러섰지요. 그러자 할아

버지는 그런 카밀라의 손을 힘껏 잡고 외쳤어요.

"그래, 이건 아닐세. 서로 함께 어울리고 정을 나누는 거야 백번이고 좋은 일이지. 그렇지만 그것이 불필요한 동물의 희생으로 이루어져야 한다면, 어찌 그것을 후대에도 소중히 지켜 가야 할 전통이라 부를 수 있겠는가? 오늘 낮에만 봐도 세계 곳곳의 동물 보호 단체들이 동물 학대라며 취재하려 들지 않던가! 이게 단순히 그들을 쫓아낸다고 해결되는 일이 아니란 말일세."

할아버지의 단호한 목소리가 고요한 밤공기를 흔들며 멀리 퍼져나갔어요.

그러자 옆에 선 헬렌도 조심스럽게 입을 열었지요.

"사실 저도 고래가 너무 불쌍해요. 아까 잡은 고래 중엔 새끼 고래들도 많았어요. 또, 좀 전에 해체한 암컷 고래의 배 속에서 탯줄을 단 새끼 고래가……."

어느새 울음이 터져 버린 헬렌은 끝내 말을 맺지 못했어요. 카밀라는 그런 헬렌에게 다가가 꼭 안아 주었죠. 등을 도닥여 주며 고래와 페로인 모두를 위해 스스로 할 수 있는 일이 무엇일까 생각했어요.

아름다운 페로 제도의 핏빛 고래 사냥 논란

페로 제도는 어떤 곳일까?

　페로 제도는 유럽 서북부 북대서양에 있는 20여 개의 섬으로 이루어진 나라야. 아이슬란드와 영국 사이에 있어. 1380년 이후 북유럽 덴마크 영토에 포함되어 있지만, 1948년에 자치를 인정받아 외교권을 포함한 모든 권리를 자치 정부에서 행사하지.

　제주도의 4분의 3 정도 되는 크기에 인구 5만의 작은 나라로 섬 전체가 화산섬으로 이루어져 있어. 죽기 전에 꼭 한 번은 봐야 한다는 아름다운 풍경과 가벼운 등산을 하기 좋은 곳으로 유명해. 특히 가장 멋진 곳으로 꼽히는 장소는 '트래라니판'이라는 해안 절벽이야. 바로 쇠르보그스바튼 호수에 있는데 북대

서양과 호수의 풍경을 한눈에 바라볼 수 있는 곳이지.

또 '양의 섬'이라는 뜻의 이름처럼 페로 제도에는 7만여 마리의 양들을 키우고 있어서 어디서나 쉽게 볼 수 있어. 그리고 이곳은 1년 365일 중 260일 이상 비가 오락가락하는 곳이라 해를 보기가 힘든데, 이런 변덕스러운 날씨 덕분에 하루에도 몇 번이고 무지개를 볼 수도 있대.

+ 지식플러스

들쇠고래가 궁금해요

　10~30마리씩 무리를 지어 사는 들쇠고래는 참돌고래과에 속해요. 몸은 검거나 어두운 회색을 띠고, 배와 목에 회색 혹은 흰색의 점이 흩어져 있어요. 머리는 볼록한 편이며 눈 뒤쪽에서 대각선 위로 올라가는 회색이나 흰색의 줄무늬도 볼 수 있지요. 어렸을 때는 제법 날씬하지만, 나이가 들수록 몸이 크고 무거워져요. 우리나라에서도 많이 목격될 정도로 전 세계에 고루 분포한 고래예요. 그런데 최근에 들쇠고래들의 떼죽음 사건들이 자주 보고되고 있어요. 비교적 최근인 2018년부터 2021년까지 호주, 뉴질랜드, 스리랑카, 인도네시아 해변 등에서 적게는 52마리에서 최대 135마리의 들쇠고래가 죽었어요. 발견한 사람들이 구조에 나섰지만, 극히 일부만 구조되었지요. 더 안타까운 건, 전문가들도 고래의 떼죽음에 대한 원인을 분명하게 밝혀내지 못한다는 거예요. 그저 고래 떼 사이의 질병이나 지형적 특성, 혹은 지구 온난화에 따른 수온 상승 등의 다양한 원인만 이야기되고 있답니다.

논란 속의 그라인다드랍 축제

고래 사냥은 기원전 6000년부터 시작된 오랜 역사가 있어. 초기에는 해안가에서만 한정적으로 이루어졌는데, 19세기와 20세기에 많은 양의 고래 기름과 고기를 얻기 위한 상업적인 목적으로 대량으로 잡았어. 그 때문에 많은 종의 고래가 멸종 위기에 처하게 되었고 말이야.

지금은 과학적인 연구 목적을 제외한 상업적인 고래 사냥은 금지하고 있지. 하지만 페로 제도는 유럽연합(EU)의 고래 사냥 금지법이 적용되지 않기 때문에 매년 '그라인다드랍' 고래 사냥 축제가 계속 열리고 있어.

그런데 최근 동물 보호 단체를 중심으로 축제에서 이루어지는 잔인한 사냥법이 널리 알려지게 되면서 국제 사회로부터 많은 비난을 받았어. 하지만 축제를 주관하는 사람들은 이 축제는 오래 이어 온 소중한 전통이라며 죄책감을 느끼지 않았지. 오히려 들쇠고래는 개체 수가 많아 멸종 위험도 없고, 잡은 고래 고기는 주민들에게 무상 제공되고 있어 상업성도 없다고 반박하고 있단다.

하지만 그곳에 사는 모든 사람이 그렇게 생각하는 건 아니야. 현지에서 실시한 설문 조사에 따르면 응답자의 50퍼센트가 고래 사냥에 반대하는 것으로 드러났거든. 고래 사냥에 대한 문제의식을 느끼고 있다는 거지.

고래를 대하는 인간의 두 얼굴

일본 타이지 마을에서도 돌고래 사냥을?

일본 혼슈 와카야마현에는 작은 바닷가 마을인 타이지 마을이 있어. 이곳에선 매년 9월부터 이듬해 2월까지 돌고래 사냥이 이루어져.

그때가 되면, 마을 어부들은 매일 새벽에 열두 척의 배를 타고 나가 돌고래 떼를 찾아. 그리고 돌고래 떼를 발견하면, 배를 일렬로 늘어세우고 검은 엔진 연기를 뿜으며 쫓아가지. 이때, 배에 미리 준비해 둔 긴 쇠막대를 물에 담그고 막대의 윗부분을 망치로 쳐서 시끄러운 소리를 바닷속으로 퍼트려. 그러면 청각이 예민한 돌고래들은 소음 때문에 불안감을 느껴 방향 감각을 잃고 배들이 모는 방향으로 헤엄치지. 그러면 어부들은 돌고래들을 해안의 만으로 몰고 입구를 그물로 막아 사냥하는 거야. 그중 예쁜 것들은 산 채로 잡아서 아쿠아리움 등에 판매하고, 그렇지 않은 것들은 도살해서 식용으로 보낸단다. 이때 바다는 온통 핏빛으로 물들지.

그러다 이러한 잔인한 돌고래 사냥 장면을 담은 다큐멘터리 영화 <더 코브: 슬픈 돌고래의 진실>이 2009년 제작되면서 국제 사회에 널리 알려지게 되었어. 세계적으로 많은 비난이 잇따랐지. 하지만 비난에도 불구하고 어부들은 천막을 쳐서 도살 장면을 가리거나, 피가 밖으로 흘러나오는 것을 숨기면서 계속 돌고래를 사냥하고 있어.

더 나아가 일본은 2019년부터 상업적인 고래잡이를 금지하고 있는 국제 포경 위원회를 탈퇴하기까지 해서 논란이 일고 있단다.

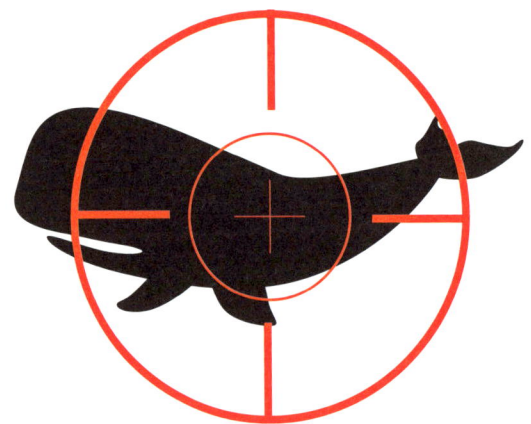

➕ 지식플러스

고래의 배설물과 이산화탄소

고래의 배설물은 식물성 플랑크톤이 잘 성장할 수 있는 환경을 만들어 줘요. 지구에서 가장 작은 생명체인 식물성 플랑크톤은 대기 중 산소의 50퍼센트 이상을 생산하지요. 그리고 이산화탄소를 약 370억 톤가량 흡수해요. 즉 고래의 수가 늘어날수록 식물성 플랑크톤의 양도 증가하게 되고, 결국 이산화탄소도 크게 줄어들 거예요.

남아프리카공화국의 허머너스 고래 축제

남아프리카공화국 남서부, 웨스턴케이프주 워커만 해안에 있는 허머너스에서는 매년 9월 말~10월 초에 3일간 고래 축제가 열려. 1992년 시작되어 고래를 보러 이곳을 찾는 사람들만 평균 13만 명에 이를 정도로 인기 있는 축제란다.

이 축제의 주요 행사는 남방긴수염고래의 생태를 그저 관찰만 하는 거야. 운이 좋으면 하루에도 무려 200여 마리의 고래를 볼 수 있지.

　남방긴수염고래는 최대 15미터까지 자라며 몸무게도 60톤에 이르는 거대한 몸집을 자랑해. 이런 대형 고래들이 바다 위에서 함께 물살을 가로지르며 점프하고 헤엄치며 상호 작용 모습을 관찰할 수 있다니 궁금하지 않니? 심지어 우리 인간과 같은 포유류인 고래가 새끼 고래를 어떻게 돌보는지도 살펴볼 수 있어.

　또한, 이 축제는 환경 및 자연 생태의 보호와 보존을 중시하는 친환경 축제로 명성이 높아. 축제를 준비하는 주민들과 주최 측은 해마다 허머너스로 돌아올 고래들과 그 밖의 해양 동물, 그리고 푸른 지구를 지키기 위한 캠페인을 벌이며 축제를 지속할 수 있도록 힘쓰고 있어.

고래를 지키려는 노력

> 우리나라에도 고래 축제가 있다고?

우리나라의 고래 축제는 매년 울산 남구 장생포 고래박물관, 고래생태체험관 등의 고래문화특구 일대에서 열려. 그곳이 과거 고래잡이 기지였던 것을 바탕으로 고래와 관련된 관광 자원을 육성하기 위해 1995년부터 시작되었지.

고래박물관에서는 고래 사냥용 유물 등을 전시하면서, 울산 반구대 암각화에 고래를 사냥하는 모습이 그려져 있는 점을 들어 고래 사냥이 신석기 시대부터 이어져 내려온 전통문화라고 설명하고 있어. 그리고 고래생태체험관에서는 전시용 돌고래 쇼가 벌어지고, 축제에서는 근처에 있는 고래 고기 전문점을 홍보하기도 했었지. 실제로 2016년까지는 축제장 내에 고래 고기를 시식할 수 있는 공식 부스까지 존재해서 동물 보호 단체들과 여론의 비난을 받았어.

하지만 고래 축제에 대한 동물 보호 단체들의 끊임없는 변화 요구와 주최 측의 자기반성을 통해 변화를 시도 중이야. 점차 고래와 공존하는 생태 축제로 거듭나기 위해 노력하고 있지.

그래서 기존 축제가 가졌던 오락 위주의 먹을거리 축제 분위기를 덜어냈어. 그리고 축제 참여자들에게 환경과 고래 보호의 중요성을 일깨워 줄 수 있는 부스도 마련하는 등 여러 가지 노력을 하고 있어.

고래를 바다로!

지난 2009년 기준으로 우리나라의 수족관에 있던 돌고래와 벨루가는 모두 61마리였는데, 현재(2022년 기준) 남아 있는 것은 21마리뿐이야. 2013년에 돌고래 '제돌이'와 '춘삼이', '삼팔이'를 방류한 것을 시작으로, 최근에는 2022년 10월 16일에 남방큰돌고래 '비봉이'를 제주도 앞바다에 방류했어. 하지만 34마리의 돌고래가 수족관에서 죽음을 맞이했어. 13년 동안 60퍼센트에 달하는 돌고래와 벨루가가 갑작스럽게 죽은 거지.

전문가에 따르면 죽음의 원인은 좁은 수조에 갇혀 원하지 않는 공연과 접촉에 시달리며 상당한 스트레스를 받았기 때문이래. 두 종류 모두 '국제 멸종 위기종'인데 대부분 평균 수명의 3분의 1도 제대로 못 살고 목숨을 잃었대.

다행히 앞으로는 해양 동물에게 정신적, 육체적 스트레스를 줄 수 있는 체험 행사가 모두 금지될 예정이야. 해양수산부에서 수족관의 해양 동물 전시나 체험 방식을 가상현실 방식으로 바꾸도록 유도하고 지원할 계획이래. 그리고 이제부터 수족관은 기존에 보유한 것 외에 새로 고래를 들여올 수 없어. 앞으로 개장하는 수족관에 대해서는 고래류의 사육과 전시를 모두 금지할 계획이고.

또한, 동물 보호 단체들은 현재 수족관에 있는 고래류들을 살기에 적합한 바다 쉼터로 방류할 것을 계속 청원하고 있어. 언젠가 이러한 노력이 열매를 맺어 고래들이 답답한 수족관을 벗어나 바다를 자유롭게 헤엄치는 날이 올 수 있겠지?

➕ 지식플러스

동물원과 수족관 전시 동물들의 우울증

동물도 우울증에 걸릴 수 있다는 거 알고 있었나요? 특히 동물원이나 수족관 등 좁은 우리에 전시된 동물 중에 우울증에 걸려 힘들어하는 동물이 많아요. 그런 동물들은 벽에 머리를 박거나 끊임없이 같은 자리를 맴돌고, 벽돌로 유리창을 깨고 탈출을 시도하는 등의 비정상적인 행동을 보여요. 최근 동물 복지에 대한 의식이 높아지면서 동물원과 수족관을 폐지하자는 움직임이 커지고 있어요. 하지만 동물원이 사라지면 체계적인 번식을 통해 멸종 위기종을 유지하고 보호할 곳이 없어지므로 동물 보호를 위해 꼭 필요하다는 주장도 있답니다. 그렇다면 동물의 스트레스를 줄이면서 인간과 공존하는 방법이 무엇일까요? 같이 생각해 봐야 할 문제인 것 같아요.

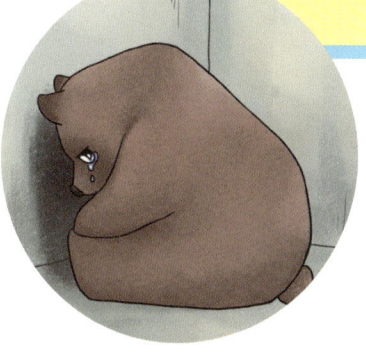

교과서 속 동물권 키워드

 # 멸종 위기종 특정 기준에 따라 그 종류의 생물이 사라질 가능성이 매우 크다고 분류된 생물들을 의미해요. 국제자연보호연합(IUCN)에 의하면 세계 전체 생물의 27퍼센트 이상에 해당한다고 하지요.

 # 생태계 보전 생태계란 생물과 생물, 생물과 환경이 서로 영향을 주고받으며 조화롭게 살아가는 세계를 말해요. 생태계 보전이란 이러한 생태계가 파괴되지 않도록 다양한 동식물과 환경을 지키려고 노력하는 거예요. 멸종 위기종을 선정하여 특별한 관심과 보호 및 복원하려는 것도 생태계 보전을 위한 노력의 하나지요.

제3장

싸우는 건 나쁘다면서 왜 재미로 싸우게 하죠?

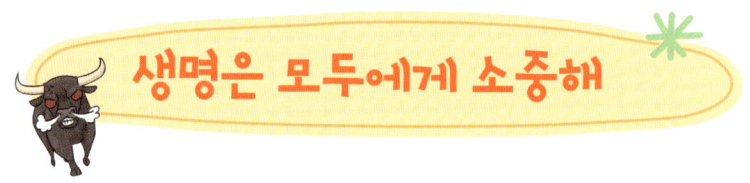

생명은 모두에게 소중해

화려한 개막 vs 투우 반대 시위

"드디어 시작이네요!"

마테오는 엄마 손에서 빨간 스카프를 냉큼 뺏어 목에 둘렀어요. 그리고 빈 양동이에 물을 가득 채우고 발코니로 뛰어갔어요. 언제 왔는지 여동생 파울라도 커다란 주전자를 들고 있었죠. 남매는 마주 보며 짓궂은 미소를 주고받았어요.

오늘은 마테오가 사는 스페인의 팜플로나시에서 '산 페르민 축제'가 시작되는 날이에요. 이 도시를 지켜 주는 수호성인 '산 페르민'을 기억하기 위한 축제지요.

광장은 흰옷을 입고 빨간 스카프를 맨 사람들로 가득 차 있었어요. 광장뿐만 아니라 마테오네 집 아래 골목까지도요. 모두 축제의 개막식을 보기 위해 모인 거예요.

드디어, 광장의 시계가 정오를 알리자 시청 발코니에서 축제의 시작을 알리는 로켓이 발사되었어요. 모여 있던 사람들은 산 페르민을 기리는 전통 노래를 큰 소리로 부르기 시작했죠.

그 순간, 마테오와 파울라는 기다렸다는 듯이 발코니 아래 거리의 사람들을 향해 준비한 물을 쏟아부었어요. 옆집, 앞집 할 것 없이 발코니로 나온 친구들과 이웃들 모두 물을 퍼부었지요. 난데없이 머리 위로 쏟아지는 물세례를 받은 사람들은 화를 내기는커녕 환호하며 더위를 식혔어요.

마테오는 동생의 손을 잡고 음악과 사람들로 가득한 축제의 거리를 누볐어요. 한참 즐겁게 놀고 있는데, 갑자기 파울라가 마테오의 손을 잡아당겼어요. 파울라가 마테오 뒤로 몸을 숨기며 손가락으로 어딘가를 가리켰지요.

그곳에는 수십 명의 남녀가 황소 뿔처럼 만든 머리띠를 쓰고 가슴에는 '팜플로나는 황소를 죽이고 있습니다.'라는 피켓을 들고 서 있었어요. 축제 때마다 나타나 투우를 반대하는 시위 단체였어요. 마테오는 지겹다는 듯 눈살을 찌푸렸어요.

"매년 축제에서 최소 54마리 이상의 황소가 잔인한 방법으로 죽음을 당하고 있어요. 이제라도 그만둬야 해요!"

마테오는 귀에 익은 목소리에 깜짝 놀랐어요. 누나 이리아였지요. 그 말이 신호였는지, 시위대는 일제히 자신들의 머리 위로 폭죽을 터트렸어요. 그러자 폭죽에서 붉은 가루가 쏟아져 나와 얼굴과 몸을 물들였어요. 누나의 눈가에서 피처럼 붉은 눈물이 볼을 타고 흘러내렸지요.

  마테오는 도무지 누나를 이해할 수가 없었어요. 혹시 누가 알아볼까 봐 얼른 반대쪽 축제 인파 속으로 뛰어 들어갔어요.

숨 막히는 거리의 투우, '소몰이'

다음 날은 이른 아침부터 시끄러웠어요. 축제의 하이라이트인 소몰이 행사 때문이었죠.

벌써 광장과 골목에는 3단의 바리케이드가 이중으로 쳐지고 그 뒤로

는 사람들이 가득 모여 있었어요. 하얀 유니폼을 입은 응급 의료진들도 속속들이 도착해서 혹시 모를 사고를 대비하고 있었지요.

마테오는 구경꾼들로 가득한 골목을 지나 투우장으로 향했어요. 올해로 만 18세가 되어 처음 출전한 형을 응원하기 위해 특별히 경기장에서 관람하기로 했거든요. 경기장 안의 대형 화면에 오늘 뛸 황소들이 차례로 소개되었어요. 다음으로 참가자들의 모습이 나타났어요.

"아빠, 저길 보세요. 형이에요."

형은 카메라를 향해 손을 흔들며 밝게 웃어 보였어요. 하지만 긴장했는지 이내 웃음기를 거두고 신발 끈을 고쳐 묶더니 계속해서 팔다리를 위아래로 털며 몸을 풀었죠.

오전 8시를 알리는 산 페르민 성당의 종소리가 울렸어요. 이어 첫 번째 총성과 함께 성난 황소들을 가둔 우리의 문이 활짝 열렸지요. 그리고 두 번째 총성이 울리자 여섯 마리의 난폭한 투우 소를 비롯한 10여 마리의 길들인 황소들이 거리로 뛰쳐나왔어요. 대기하던 참가자들도 날뛰는 소들과 한데 엉켜서 좁은 골목을 빠르게 달렸지요.

마테오의 눈은 계속해서 형 카를로스를 좇았어요. 형의 이름을 계속해서 부르며 열렬히 응원했지요.

앞서 달리던 황소 한 마리가 형의 뒤에 바짝 붙었어요. 뒤를 돌아본 형은 당황했는지 재빨리 몸을 옆으로 돌려 바리케이드를 타고 올라갔죠. 미끄러지듯 기울어졌던 황소의 뿔이 형의 허벅지를 아슬아슬하게 비껴 갔어요. 하마터면 큰 부상으로 이어질 수 있었던 상황이었지요.

쿵!

형을 쫓던 황소가 바리케이드를 들이박고 옆으로 쓰러졌어요. 뒤이어 달려오던 다른 황소들은 가까스로 쓰러진 황소를 피해 앞으로 달렸지요. 정신없이 소의 행렬을 뒤쫓던 사람들이 쓰러진 소를 기다란 막대로 찌르고 발로 찼어요. 소가 괴로워하며 발버둥 치는 모습을 보며 사람들은 웃으며 약을 올렸지요. 하지만 소도 만만치 않았어요. 바닥을 박차고 일어나 그들을 몰아내고 다시 앞으로 달렸어요.

세 번째 총성과 함께 거리의 소몰이 행사가 끝났어요.

다행히 형은 크게 다치지 않았어요. 문득 넘어졌던 소는 괜찮을까 하는 생각이 들었지만 이내 즐거운 축제 속으로 다시 빠져들었어요.

붉은 천 아래 피로 물든 슬픈 눈

아침에 일찍 일어나 피곤했던 마테오는 깜빡 잠이 들었어요. 깨어 보니 어느새, 해가 뉘엿뉘엿 넘어가기 시작한 늦은 오후였지요.

"마테오, 어서 일어나. 투우 보러 안 갈 거야?"

카를로스가 마테오를 흔들어 깨웠어요. 그리고 투우 입장권을 흔들어 보였지요.

처음으로 투우를 직접 관람하게 된 마테오는 설레는 마음을 감추기 힘들었어요. 드디어, 투우가 시작되었어요. 다섯 명의 투우사와 한 마리의 커다란 황소가 등장했지요.

"형, 왜 황소는 한 마리인데 투우사들이 저렇게 많아?"

"응. 아마 네가 알고 있던 투우사는 저기 빨간 천과 칼을 들고 있는 마타도르였을 거야. 나머지는 마타도르를 도와주는 투우사들이야. 말을 타고 긴 창으로 황소의 목과 어깨 근육의 약한 곳을 찌르며 공격하는 투우사는 '피카도르'라고 해. 또 다른 투우사 '반데리예로'는 화려한 꼬챙이로 목 부위를 찔러서 황소가 힘을 못 쓰게 만들지."

"아, 근데 왜 마타도르만 빨간 천이야? 나머지는 분홍색이네. 소를 흥분시키려면 다 빨간 천으로 해야 하는 거 아냐?"

"오~ 마테오, 사실 소는 색맹이야. 그저 자기 앞에서 천이 마구 흔들리는 모습을 적으로 생각하고 사람들의 함성에 흥분하는 거지."

이어 말을 탄 투우사가 소의 목덜미를 창으로 집중 공격했어요. 창을 맞은 곳에서 피가 흘러내리기 시작했고 화가 난 소는 더 거칠게 달려들었어요.

뒤이어, 세 명의 투우사들이 소가 달려드는 것을 피하며 화려한 색으로 장식된 여섯 개의 꼬챙이를 목과 등에 차례로 꽂았어요. 더 많은 피가 등줄기를 타고 흘러내렸고, 입으로도 피가 잔뜩 섞인 침을 토해냈죠.

"형, 소가 피가 많이 나. 힘도 빠진 것 같고. 이러다 죽는 거 아니야?"

소는 이미 기진맥진해져서 고개도 잘 들지 못했지요. 고통에 몸부림치는 소의 모습이 마테오의 눈에 선명히 들어왔어요.

갑자기 소 한 마리를 여러 투우사가 공격하는 모습이 불편하게 느껴졌어요. 언젠가 하굣길에 마테오를 둘러싸고 돈을 뺏고 때리던 형들의 모습이 겹쳐 보였던 거예요. 형들에게 맞서 자기를 괴롭히지 말라고 발버둥 쳤지만 놓아주지 않았던…….

마테오는 떠올리고 싶지 않은 기억을 애써 떨쳐내려고 고개를 두어 번 세차게 흔들었어요.

얼마 지나지 않아, 마타도르는 칼을 들어서 소를 똑바로 겨냥했어요. 소가 거칠게 달려드는 그 찰나를 놓치지 않고 잽싸게 급소에 칼을 찔러 넣었지요.

"최고야! 칼이 제대로 꽂혀서 소가 바로 무릎 꿇고 쓰러졌어. 마테오, 봤어?"

형은 흥분해서 마테오를 흔들어 댔죠. 하지만 마테오는 아무런 대꾸도 할 수 없었어요. 마테오의 눈에 피범벅이 되어 누워 있는 소의 슬픈 눈이 보였거든요. 눈가를 스치며 흐르는 피가 마치 붉은 눈물 같았지요.

갑자기 소의 얼굴 위로 광장에서 본 누나의 얼굴이 겹쳐졌어요. 황소를 죽이는 것을 멈춰야 한다던 누나의 호소가 가슴 깊이 와닿았지요.

황소의 희생 없이도 즐거운 축제가 될 수 있기를

마지막 숨을 거칠게 몰아쉬던 소가 달리는 말 뒤에 묶여 질질 끌려 나갔어요. 관객들은 패배하고 끌려 나가는 소를 향해 '우~' 하며 야유를 보냈어요. 불과 몇 십 분 전에 당당하고 강인한 모습으로 경기장으로 들어섰던 황소였는데…….

마테오는 벌떡 일어나 경기장 밖으로 뛰쳐나갔어요. 아직도 다섯 경기나 남아 있었지만 더는 그곳에 있을 수가 없었어요. 뒤에서 아빠와 형이 계속 불렀지만 마테오는 돌아보지 않았지요.

투우장 밖에는 아직도 투우 반대를 외치며 시위하는 사람들이 보였어요. 그들 속에서 피켓을 위아래로 흔들며 목소리를 높이는 누나가 보였죠. 마테오는 그동안 누나를 이해하지 못하고 창피하게만 여겼던 자신이 너무 부끄러웠어요. 차마 누나를 마주 볼 자신이 없었지요.

그래서 누나가 볼세라 급하게 반대쪽으로 몸을 틀었어요. 하지만 이미 늦었지요.

"마테오, 무슨 일이야? 왜 혼자 나왔어?"

"누나, 왜 그렇게 잔인하게…….'

마테오는 말을 끝맺지 못했어요. 계속 터져 나오는 눈물과 콧물로 온 얼굴이 흠뻑 젖었어요.

"그래, 마테오. 많이 놀랐구나. 생명은 누구에게나 소중해. 그런데 전통이라는 이유로 그저 사람들의 재미를 위해 소를 죽이는 건 옳지 않다고

생각해."

"그럼 어떻게 해야 해? 불쌍한 소들을 지켜 주고 싶어."

"누나도 너와 같은 마음으로 여기에 있는 거야. 쉽지는 않겠지만 이런 마음들이 하나, 둘 모이면 큰 변화를 불러올 수 있을 거라 믿어! 마테오도 함께할 거지?"

누나가 마테오를 따뜻하게 안아 주며 말했어요. 품에 안긴 마테오가 힘차게 머리를 끄덕였지요.

산 페르민 축제 속으로

산 페르민 축제와 '엔시에로'

> 산 페르민 축제는 어떻게 생기게 되었나요?

'산 페르민'은 스페인의 도시 팜플로나의 성직자였어. 종교를 널리 전파하는 활동을 하다가 303년에 프랑스 아미앵에서 목숨을 잃었지. 팜플로나에서는 그를 도시의 수호성인으로 삼고 기억하기 위해 축제를 열었어.

축제는 공식적으로 1591년부터 시작되었다고 알려졌지만, 13~14세기에 이미 축제가 열리고 있었어. 원래 있던 페르민 성인의 축일 행사에 장터 축제와 투우 행사를 중심으로 한 소 축제가 한데 어우러지며 오늘날과 같은 대규모 축제로 발전한 거야.

초기에는 7월 6일과 7일 이틀 동안만 축제가 열렸지만, 성인을 기리는 종교

　행사 이외에도 음악, 춤, 연극 공연과 같은 부대 행사가 점점 늘어나 지금은 7월 6일 정오부터 14일 자정까지 9일 동안 축제가 열리고 있어. 인구 20만가량인 이 도시는 축제 기간에는 전 세계에서 몰려든 100만 명이 넘는 인파로 넘쳐나.

산 페르민 축제의 대표 행사를 소개합니다

　산 페르민 축제에서 가장 많은 관심을 받는 행사는 뭐니 뭐니 해도 소몰이 행사인 '엔시에로'지. 마테오의 형이 참가했던 거리의 투우 말이야.
　소몰이 행사 진행을 간단하게 소개할게.
　축제 기간 매일 아침 8시에 시작돼. 참가자들은 출발지인 산토도밍고 언덕에서 이중으로 바리케이드가 쳐진 거리 안으로 입장해. 행사가 시작되기 5분, 3분, 1분 전에 각각 "페르민 성인에게 청합니다. 우리의 수호성인이시니 우리에게 은총을 내려 주시고 우리를 인도해 주시옵소서. 산 페르민 만세."라는 성인을 기리는 기도를 세 차례 올려. 행사를 안전하게 마치게 해 달라고 비는 거야.
　성당의 종소리에 이어 정각 8시 첫 번째 총성이 울리면서 소몰이가 시작되지. 투우장까지 825미터가량의 거리를 평균 600킬로그램이나 나가는 난폭한 소

들이 아주 빠른 속도로 참가자들과 함께 좁은 길을 질주해. 아무런 사고가 없으면 3분도 채 걸리지 않지만 매년 많은 부상자가 발생하고 있어. 때론 크게 다치거나 죽는 사람이 발생하기도 해서 위험한 행사이기도 하지.

➕ 지식플러스

세계적인 작가 헤밍웨이와 산 페르민 축제의 특별한 인연?

사실 산 페르민 축제가 세계적으로 알려지게 된 것은 작가 어니스트 헤밍웨이 덕분이에요. 노벨 문학상을 받은 미국 작가이자 세계 명작으로 유명한 『노인과 바다』를 썼지요. 헤밍웨이는 여행 중에 팜플로나에 왔다가 소몰이 행사를 관람하고 직접 참가하기도 하며 축제를 즐겼다고 해요. 1923년을 시작으로 1959년에 이르기까지 총 아홉 번이나 이 축제를 방문했고, 그의 소설 『해는 다시 떠오른다』(1926), 『오후의 죽음』(1932)에 산 페르민 축제의 열기와 소몰이의 행사를 자세히 묘사했답니다. 소설은 큰 인기를 끌었고 덩달아 산 페르민 축제도 세계적으로 유명해지게 되었지요. 팜플로나시는 헤밍웨이에게 감사하는 마음을 담아 1968년 7월 6일 헤밍웨이 동상을 세우고 그의 이름을 딴 거리 및 공원을 만들기도 했어요.

학대 속에서 이유 없이 싸워야 하는 소들

> **투우 소에 대한 슬픈 진실**

투우는 스페인, 포르투갈, 프랑스 남부와 남아메리카 일부 지역에서 즐기던 전통문화였어.

투우 소는 용맹한 들소 중에서 골라. 고른 소는 하루 24시간 꼬박 완전히 빛이 차단된 암흑의 방에 가두지. 그러고는 투우 시작과 동시에 경기장에 내보내서 갑자기 강한 빛에 노출시키는 거야.

너희도 어두운 곳에 있다가 갑자기 밝은 곳으로 가게 되면 눈을 뜨기도 힘들고 불편하지? 소도 마찬가지야. 그런 상태에서 움직이는 천을 보고 자기를 공격하려는 적으로 알고 흥분하며 날뛰게 되는 거지.

사실, 놀랍게도 소는 색맹이야. 그런데도 굳이 투우에서 빨간색 천을 흔드는 건, 관객들 눈에 잘 띄게 하고 소가 흘리는 피를 가리기 위해서야.

투우 소를 빛이 차단된 곳에 하루 동안 가두는 것 외에도 다른 학대가 더 가해져. 경기 전에 뿔을 갈아내거나 목 힘줄을 자르는 것이 대표적이지. 소의 힘을 약하게 해서 투우사를 보호하고 손쉽게 죽일 수 있도록 하기 위해서야. 또 눈에 바셀린을 바르고, 귀를 젖은 신문지로 틀어막기도 해. 콧구멍에 솜을 집어넣어 숨 쉬기 어렵게 만들기도 하지. 소의 성향에 따라 흥분제나 진정제와 같은 약물을 투여하기도 한대.

보통 투우 경기를 떠올리면 황소는 코에서 훅훅 거친 김을 뿜어내며 거칠게 달려드는 모습이지? 그런데 사실은 이유도 알 수 없는 학대로 아프고 지쳐 있는 거였어. 붉은 천을 보고 흥분해서 야수가 된 게 아니라 극도로 겁에 질린 상태인 거야.

우리나라에서도 소싸움을 한다고요?

우리나라에서 소싸움이 언제 시작됐는지 정확히 알 수는 없어. 다만 소들이 더 맛있는 풀을 차지하려고 기 싸움을 하는 모습을 보고 주인들이 응원하며 놀던 것이 소싸움이 되었다는 이야기가 있지.

주로 추석맞이 마을 잔치로 열렸던 것이 일제강점기에 강제로 폐지되었다가 1970년대 중반부터 고유의 전통 놀이로 자리 잡았어.

경기는 보통 몸무게 700킬로그램의 일곱 살 전성기 소들이 뿔 치기, 뿔 걸이, 밀치기 등 다양한 기술로 20분가량 겨루는 거야. 체급에 따라 각기 다른 상금을 놓고 치열한 혈투를 벌이지. 승부를 두고 돈을 거는 사람들도 있어서 관중석에서는 "잘한다.", "찔러라.", "밀어라." 등의 자기가 응원하는 소를 향한 구호와 함성이 여기저기서 터져 나온단다.

가장 널리 알려진 건 청도 소싸움 축제야. 축제가 열리면 청도군 전체 인구의 일곱 배가 넘는 관광객들이 찾을 정도로 유명한 지역 축제지.

이런 행사에 대해 동물 보호 단체에서는 동물 학대라며 폐지를 주장하고 있어. 유순한 초식 동물인 소들을 싸우도록 강요하는 것 자체가 학대인 데다 소들이 격렬하게 싸우다 보면 뿔에 찔리거나 복부 등이 찢어져 크게 다치는 일도 있다고 말이야. 때론 목숨을 잃는 경우까지 발생하기 때문에 반드시 폐지되어야 한다고 목소리를 높이고 있어.

사실 우리나라의 동물 보호법에 따르면 도박·광고·오락·유흥 등의 목적으로 동물을 다치게 하는 것을 금지하고 있어. 그래서 닭싸움과 개싸움은 불법이야.

그런데 왜 소싸움은 가능하냐고? 이유는 법률에 붙은 예외 조항 때문이야. 바로 '다만, 민속 경기 등 농림축산식품부령으로 정하는 경우는 제외한다.'라고 덧붙여 명시되어 있기 때문이지. 그래서 민속 경기인 소싸움은 합법으로 인정되고 있어.

➕ 지식플러스

로데오 경기에서 고통받는 소들

'로데오'는 옛날 미국 서부 카우보이들이 야생의 말이나 소를 타고 누가 오래 버티는지를 겨루던 것에서 유래되었어요. 오늘날에는 미국, 캐나다, 오스트레일리아에서 인기를 끌고 있어요. 로데오 종목은 안장 없는 말을 타는 정통 로데오, 송아지 올가미 던져 묶기, 야생마 타기, 소와 싸우기, 황소 타기의 다섯 가지가 대표적이에요. 그중에서 '송아지 올가미 던져 묶기'는 참가자들이 말을 탄 채로 송아지를 쫓아가서 올가미로 잡은 다음 다리를 밧줄로 꽁꽁 묶는 경기예요. 가장 빨리 묶는 사람이 승리하지요. 그런데 본래 '송아지 올가미 던져 묶기'는 재미 삼아 하는 놀이가 아니었어요. 병든 송아지를 수의사에게 끌고 가 치료받게 할 때 쓰던 방법이었을 뿐이었지요. 그랬던 것이 사람들의 즐거움을 위해 멀쩡한 송아지를 학대하는 경기로 바뀐 거예요. 또한, 순하게 길든 말과 소를 일부러 날뛰게 하려고 전기 충격을 주거나 아랫배를 줄로 묶어 쥐어짜듯 비틀기도 해요. 그래서 경기가 진행되는 동안 심각한 상처를 입거나 죽기도 한답니다.

투우로부터 황소를 지키려는 노력

스페인은 오래전부터 투우를 둘러싸고 찬반 논쟁이 아주 뜨거워.

찬성 측에서는 투우가 목축업과 농업의 풍요로움을 기원하며 신에게 소를 바치는 의식에서 비롯됐다는 전통을 강조하지. 반면 반대 측에서는 단순한 즐거움을 위해 동물의 생명을 죽이는 동물 학대라며 투우를 비판하고 말이야.

최근에는 스페인 내의 동물 보호 단체뿐만 아니라 국제 단체들까지 강하게 반대하고 있어. 그래서 산 페르민 축제를 포함한 각종 투우 축제에서는 대규모 투우 반대 시위를 쉽게 볼 수 있지.

또한, 스페인 내에서도 투우의 인기는 수년간 계속해서 떨어지고 있어. 실제로 젊은이들이 투우장을 찾지 않으면서 2007년 연간 3651건이었던 투우 행사는 2019년 1425건으로 줄어든 상태야.

그리고 2020년 스페인의 한 여론 조사 설문 결과에 따르면, 스페인 국민의 단 18.6퍼센트만이 투우를 보존하고 장려해야 한다는 의견을 냈어. 그들은 대부분 투우 관련 업계 및 관광 업계에 종사하는 사람들이지. 즉, 대부분의 국민들은 투우를 반대하고 법적으로 금지해야 한다고 여기고 있는 추세야.

교과서 속 동물권 키워드

 # 동물 학대 동물을 물건처럼 여기거나 몹시 괴롭히며 혹독하게 대하는 것을 말해요.

 # 동물 보호법 동물 학대를 방지하고 동물을 적정하게 보호 및 관리하는 데 필요한 사항을 정하여 동물의 생명을 존중하기 위해 만들어진 법이에요.

제4장

화려한 장식 속에 가려진 코끼리의 눈물을 아시나요?

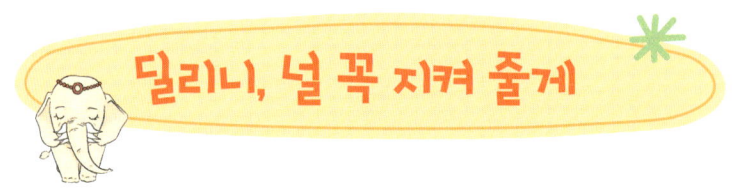

딜리니, 널 꼭 지켜 줄게

축제 준비 중인 아미르와 코끼리 딜리니

"아미르, 손을 더 높이. 그리고 돌 때는 한 번에 확실하게 돌아야지!"

형 카순은 아미르의 춤 동작을 지적하며 목소리를 높였어요. 아미르는 스리랑카 제2의 도시 캔디(Kandy)에 사는 열한 살 소년이에요. 오늘도 일주일 앞으로 다가온 '에살라 페라헤라' 축제 준비로 바빴지요.

에살라는 '음력 7월'을, 페라헤라는 '행진'을 뜻해요. 음력 7월 1일부터 11일간 '불치사'라는 절에 보관하고 있는 부처님의 치아인 '불치' 사리를 코끼리 등에 싣고 시내를 행진하는 것이 축제의 주된 행사지요. 아미르도 이때 공연할 전통 춤을 사원에서 연습하고 있었답니다.

잠시 쉬는 시간이 되자 아미르는 기다렸다는 듯 사원 뒤편으로 뛰어갔지요. 그곳에는 사원에서 사육하는 암컷 코끼리 딜리니가 있어요.

딜리니는 달려오는 아미르를 보자 무릎을 굽혀 커다란 몸을 낮췄답니다. 사실 올해로 70살이 된 딜리니는 다리를 들거나 굽히는 것을 많이 힘

리틀씨앤톡
생각하는 어린이 시리즈
교과 연계

한 학기 한 권 읽기 | 수업 자료 내려받기
www.seentalk.co.kr

경기도 파주시 문발로 405 제2출판단지 활자마을
T 02-338-0092 | F 02-338-0097 | M seentalk@naver.com | H seentalk.co.kr

생각을 키우는
www.seentalk.co.kr
리틀씨앤톡

『축제에서 찾은 동물권 이야기』 교과 연계

	과목	학년	단원
1장 세계적인 스포츠 축제, 동물들도 함께 즐거울 순 없나요?	사회	4-2	3. 사회 변화와 문화의 다양성 2) 다양한 문화에 대한 이해와 존중
		6-2	1. 세계 여러 나라의 자연과 문화 1) 지구, 대륙 그리고 국가들 2) 세계의 다양한 삶의 모습 3) 우리나라와 가까운 나라들 2. 통일 한국의 미래와 지구촌의 평화 3) 지속 가능한 지구촌
	과학	3-2	2. 동물의 생활
	도덕	3	6. 생명을 존중하는 우리
		6	6. 함께 살아가는 지구촌
2장 핏빛 바다, 고래의 울음소리가 가슴 아파요	사회	3-2	1. 환경에 따라 다른 삶의 모습 1) 우리 고장의 환경과 생활 모습 2) 환경에 따른 의식주 생활 모습
		4-2	3. 사회 변화와 문화의 다양성 2) 다양한 문화에 대한 이해와 존중
		6-2	1. 세계 여러 나라의 자연과 문화 1) 지구, 대륙 그리고 국가들 2) 세계의 다양한 삶의 모습
	과학	3-1	2. 동물의 한살이
		3-2	2. 동물의 생활
		5-1	5. 다양한 생물과 우리 생활
		5-2	2. 생물과 환경
	도덕	3	6. 생명을 존중하는 우리
		6	6. 함께 살아가는 지구촌
3장 싸우는 건 나쁘다면서 왜 재미로 싸우게 하죠?	사회	3-2	2. 시대마다 다른 삶의 모습 1) 옛날과 오늘날의 생활 모습 2) 옛날과 오늘날의 세시 풍속
		4-2	3. 사회 변화와 문화의 다양성 2) 다양한 문화에 대한 이해와 존중
		5-1	2. 인권 존중과 정의로운 사회 2) 법의 의미와 역할
		6-2	1. 세계 여러 나라의 자연과 문화 1) 지구, 대륙 그리고 국가들 2) 세계의 다양한 삶의 모습
	과학	3-2	2. 동물의 생활
	도덕	3	6. 생명을 존중하는 우리
		6	6. 함께 살아가는 지구촌

	과목	학년	단원
4장 화려한 장식 속에 가려진 코끼리의 눈물을 아시나요?	사회	3-2	2. 시대마다 다른 삶의 모습 1) 옛날과 오늘날의 생활 모습 2) 옛날과 오늘날의 세시 풍속
		4-2	3. 사회 변화와 문화의 다양성 2) 다양한 문화에 대한 이해와 존중
		5-1	2. 인권 존중과 정의로운 사회 2) 법의 의미와 역할
		6-2	1. 세계 여러 나라의 자연과 문화 1) 지구, 대륙 그리고 국가들 2) 세계의 다양한 삶의 모습
	과학	3-2	2. 동물의 생활
		5-1	5. 다양한 생물과 우리 생활
		5-2	2. 생물과 환경
	도덕	3	6. 생명을 존중하는 우리
		6	6. 함께 살아가는 지구촌
5장 경마장이 아닌 초원을 함께 달리고 싶어요	사회	4-2	3. 사회 변화와 문화의 다양성 2) 다양한 문화에 대한 이해와 존중
		5-1	2. 인권 존중과 정의로운 사회 2) 법의 의미와 역할
		6-2	1. 세계 여러 나라의 자연과 문화 1) 지구, 대륙 그리고 국가들 2) 세계의 다양한 삶의 모습
	과학	3-2	2. 동물의 생활
	도덕	3	6. 생명을 존중하는 우리
		6	6. 함께 살아가는 지구촌
6장 낙타 미모 경연 대회를 발칵 뒤집은 성형 스캔들!	사회	3-2	1. 환경에 따라 다른 삶의 모습 1) 우리 고장의 환경과 생활 모습 2) 환경에 따른 의식주 생활 모습
		4-2	3. 사회 변화와 문화의 다양성 2) 다양한 문화에 대한 이해와 존중
		6-2	1. 세계 여러 나라의 자연과 문화 1) 지구, 대륙 그리고 국가들 2) 세계의 다양한 삶의 모습
	과학	3-2	2. 동물의 생활
		5-1	5. 다양한 생물과 우리 생활
		5-2	2. 생물과 환경
	도덕	3	6. 생명을 존중하는 우리
		6	6. 함께 살아가는 지구촌

도서관에서 찾은 인권 이야기

오은숙 글 | 이진아 그림 | 값 14,000원

전 세계 도서관의 역사를 통해 알아보는 인권 이야기

얼마 전까지 도서관은 누구나 이용할 수 있는 곳이 아니었어요.
오랫동안 다양한 사람들의 목소리에 귀 기울여서 지금의 도서관이 된 거예요.
그동안 우리가 알지 못했던 도서관 속 인권 문제에 대해 생각해 봅시다.

키워드 도서관, 책, 인권, 역사, 사회, 차별

들어해요. 그런데도 아미르가 찾아올 때면 함께 눈을 맞추려는 듯 몸을 낮춰 주었죠. 아미르는 그런 딜리니의 이마에 자신의 이마를 대며 인사하고 콧등을 부드럽게 쓰다듬었어요.

"딜리니, 나 잘할 수 있을까? 많은 사람 앞에서 춤을 춘다고 생각하니 너무 떨려. 실수하면 어쩌나 걱정도 되고 말이야. 그런데 형은 내 맘도 모르고 화만 내고. 할아버지가 계셨다면……."

아미르는 몇 달 전에 돌아가신 할아버지를 떠올렸어요. 어릴 적부터 속상한 일이 있어 시무룩해 있으면 할아버지께서 그런 아미르를 데리고 딜리니에게 가곤 했지요. 아빠, 엄마한테 혼났을 때나 형이랑 싸웠을 때 등등 말이에요.

딜리니는 원래 할아버지가 돌보셨던 코끼리였어요. 그렇게 할아버지와 함께 딜리니의 먹이를 챙겨 주거나 목욕을 시키며 이야기 나누다 보면 언제 그랬냐는 듯이 속상했던 마음이 풀리곤 했답니다. 아미르는 할아버지 생각에 눈시울이 붉어졌어요.

"딜리니, 근데 너 혹시 어디 아픈 거 아냐?"

딜리니의 상태를 살피던 아미르가 걱정스럽게 말했어요. 할아버지 장례식 이후로 몸이 점점 마르더니 어느새 늘어진 뱃가죽 위로 갈비뼈가 불뚝하게 도드라져 보였거든요.

그날 저녁, 아미르는 아빠를 급히 찾았어요.

"아빠, 딜리니가 이상해요. 자꾸 살이 빠지고 힘이 하나도 없어 보여요. 어디가 아픈 건 아닐까요?"

"그야, 이제 많이 늙었잖니. 그리고 혹시 병이 들었대도 이번 행진에 참여하고 나면 부처님의 은덕으로 나을 수 있을지도 모르지."

"네? 올해도 축제에 참여한다고요? 저런 몸으로 매일 밤 4시간씩 11일 동안이나 하는 행진에 어떻게 참여해요?"

"사실 나도 많이 걱정되지만, 너도 알다시피 딜리니는 사원에 속한 코끼리야. 사원에서 정한 일은 그저 따라야 한단다. 지금껏 50년 넘게 축제에 참여한 베테랑이니 잘 버티길 바랄 수밖에."

아미르는 결국 아무 소득도 없이 물러가야 했어요.

'안 돼. 딜리니가 축제에 참여했다가는 얼마 못 가 쓰러질지도 몰라. 언제나 내 편이시던 할아버지도 안 계신데 딜리니마저 떠나가면 난 정말 견딜 수 없을 거야.'

아미르는 딜리니 걱정으로 밤새 한숨도 못 잤어요.

드디어 축제의 개막, 화려한 행진

그러는 사이 축제일이 성큼 다가왔어요.

근처 숙소들은 서너 달 전부터 꽉 찼고, 거리는 국내외 관광객들로 북적였지요. 심지어 좋은 자리에서 행진을 보고 싶은 사람들은 이미 며칠

전부터 길가에 자리를 잡고 노숙을 하기도 했어요. 뜨거운 태양을 피할 길 없는 한낮엔 힘들 법도 한데, 기다리는 사람들의 얼굴에는 들뜬 미소만이 가득했지요.

   아미르의 가족들은 각자의 공연에 맞게 전통 의상으로 갈아입었어요. 아미르도 흰옷을 입고 붉은 천을 이용해 머리와 몸을 장식했지요. 축제 행렬에 참여하는 딜리니도 깨끗이 목욕하고 화려한 천으로 몸을 덮고 있었어요. 얼굴에는 수많은 전구 장식이 달린 화려한 가면도 썼고요.

"와우. 딜리니! 이렇게 가면을 쓰고 천을 덮으니 아주 멋진데. 네가 말라깽이 늙은 코끼리라는 건 아무도 모르겠다."

형 카순이 짓궂게 소리쳤어요. 아미르는 그런 형이 정말 싫었어요. 여전히 딜리니가 걱정됐지만, 이왕 이렇게 된 거 무사히 행진을 마치기만을 두 손 모아 기도했지요.

해가 지자, 어둠을 밝히는 횃불의 무리가 거리를 가득 메우고 '싸~두'라는 환희의 소리와 함께 축제 행진이 시작되었어요. 사방에서 갖가지

전통 악기들의 연주 소리가 장엄하게 울려 퍼졌죠. 스리랑카 전역에서 몰려든 수천 명의 무용수와 100여 마리의 코끼리들이 함께 어울려 춤의 향연을 펼쳤어요.

축제의 하이라이트는 불치 사리를 운반하는 60마리의 코끼리들이었어요. 신명 나는 음악과 각종 공연 사이사이 온갖 장식으로 치장한 코끼리들이 모습을 드러냈지요. 얼굴을 뒤덮은 수십 개의 전구가 화려함을 더하고 있었죠.

그중에서 불치가 들어 있는 황금빛 사리함을 실은 코끼리가 지나갈 때면 사람들은 사리함을 향해 두 손을 모아 기도를 하며 소원을 빌었어요.

아미르는 열심히 춤을 추면서도 계속 딜리니가 걱정되었어요. 형 말대로 화려한 가면과 천으로 가려진 딜리니는 전혀 늙고 아픈 코끼리처럼 보이지 않았어요. 오히려 사람들의 환호를 받으며 걸어오는 모습이 위풍당당하게 보이기까지 했지요.

행진은 새벽을 훌쩍 넘기고 나서야 겨우 끝났어요.

딜리니를 구할 수만 있다면

다음 날, 느지막이 일어난 아미르는 어제 미처 살피지 못한 딜리니의 상태를 확인하러 사원으로 달려갔어요. 딜리니는 어제보다 훨씬 수척해진 모습으로 겨우 다리를 딛고 서 있었지요. 다리에 걸려 있는 쇠사슬이 더욱 무겁게만 보였어요. 게다가 어젠 화려한 불빛에 묻혀 전혀 몰랐는데, 가면을 씌울 때 긁힌 건지 눈가에 생긴 상처가 선명하게 눈에 띄었지요.

"딜리니, 어쩌다 상처가 생긴 거야? 많이 아프지?"

아미르의 말을 알아듣기라도 한 듯 딜리니는 귀를 펄럭였어요. 상처를

피해 어루만져 주자 딜리니의 눈가가 반짝이더니 눈물이 흘러내렸어요.

'아미르, 나 너무 아프고 힘들어. 나 좀 구해 줘.'

딜리니의 눈이 마치 이렇게 말하는 것 같았지요. 아미르는 더는 두고 볼 수가 없었어요. 이러다가 딜리니까지 잃게 될까 봐 정말 두려웠어요.

아미르는 그길로 사원 내부로 뛰어 들어갔어요. 하지만 어디로 가야 할지 누구한테 도움을 청해야 할지 알 수 없었죠. 다급해진 아미르는 마음 깊은 곳에 숨겨 뒀던 용기를 모두 끌어 모아 큰 소리로 외쳤어요.

"늙고 병든 코끼리를 축제 명단에서 빼 주세요. 누가 제발 제 말 좀 들어주세요."

아미르는 간절한 마음을 담아 계속 반복했지요. 그러자 사원 관리인 아저씨가 무서운 얼굴로 말했어요.

"신성한 사원에서 소란을 피우다니. 어서 썩 나가거라. 그렇지 않으면……."

아저씨의 말이 채 다 끝나기도 전에 작은 체구의 한 아주머니가 아미르의 앞으로 나섰어요. 관리인에게 부드럽지만 단호한 표정으로 인사를 건네고, 겁먹은 아미르의 손을 잡아 사원 밖으로 나왔어요.

"안녕, 난 마니샤라고 해. 네 이름은 뭐니? 나는 코끼리 구호 단체에서 일해. 혹시 내가 도움을 줄 수 있는 일이 있을까?"

"전 아미르예요. 아주머니, 정말 우리 딜리니를 구해 줄 수 있어요? 딜리니는 올해 70살이 된 늙고 아픈 코끼리예요. 축제가 아직도 10일이나 더 남았는데 이미 너무 지쳐 버렸지요."

"사실 나 혼자서는 할 수 없어. 하지만 여럿이 힘을 모으면 가능할 것 같아. 그러려면 네가 꼭 해 줘야 할 일이 있어."

"제가요? 할 수 있는 거면 뭐든 다 할게요."

"지금 내 핸드폰을 가져가서 딜리니 모습을 좀 찍어다 줘. 화려하게 장식되어 축제에 동원된 모습과 함께 SNS에 올려 사람들의 도움을 구해 보려고 해. 안 그래도 축제 행렬에 동원된 코끼리들이 축제 기간 내내 엄청난 소음, 폭죽 연기 등으로 극심한 스트레스를 받는다는 얘기를 듣고 돕고 싶어 찾아왔거든. 딜리니를 통해 코끼리들의 고통을 세상에 알릴 수 있을 거야."

아미르는 마니샤 아주머니를 향해 힘차게 고개를 끄덕이고는 사원으로 향했어요. 마침 딜리니는 축제를 준비하기 위해 막 목욕을 마쳤어요. 오늘따라 앙상하게 드러난 갈비뼈 사이 움푹 팬 곳이 더 깊어 보였지요. 아미르는 누가 볼세라 재빨리 딜리니의 모습을 카메라에 담았어요.

잠시 후 마니샤 아주머니를 다시 만나 핸드폰을 건넸어요. 다시 한번 딜리니를 꼭 구해 달라고 부탁하며 아주머니 손을 꼭 잡았지요.

딜리니, 이젠 쉴 수 있어!

며칠이 더 지났어요.

아미르는 딜리니의 야윈 몸을 다정하게 쓸어 주고 있었어요. 이젠 더욱 기진맥진해진 딜리니의 모습에 아미르는 계속 눈물만 났지요.

그런데 바로 그때였어요. 어쩐 일인지 아빠가 마니샤 아주머니와 함께 뛰어오셨지요.

"아미르, 결국 네가 큰일을 해냈구나. 방금 막 사원에서 딜리니를 축제에서 빼기로 했다는구나."

아미르는 갑작스럽게 두 사람이 같이 온 것도, 그리고 아빠의 말씀도 믿을 수가 없었어요. 어안이 벙벙한 얼굴로 아빠 옆에 서 있는 마니샤 아주머니를 바라보았죠.

"아빠 말씀이 맞아. 네 덕분 SNS에 올린 사진으로 많은 사람이 안타까워하고 분노했어. 그리고 우리 구호 단체와 다른 동물 단체들도 스리랑카 정부에 편지를 보내며 실상을 알렸지. 정부에서는 앞으로 축제에 동원되는 코끼리들의 상태에 더 신경 쓰겠다고 공식적으로 발표했단다."

"감사해요. 정말 감사합니다. 딜리니, 이제 쉴 수 있어! 더는 축제에 동원되지 않아도 된다고."

아미르는 자신의 간절한 기도가 이루어진 것 같아 정말 기뻤어요.

갑자기 바람 한 줄기가 불어와 귓가를 간질였어요. 바람에 실려 할아버지의 목소리가 언뜻 들리는 듯했지요.

'아미르, 잘했다. 앞으로도 딜리니를 잘 보살펴다오.'

아미르는 가볍게 고개를 끄덕였어요.

에살라 페라헤라 축제 속으로

세계적인 불교 축제와 코끼리

> 에살라 페라헤라 축제는 어떻게 생기게 되었나요?

에살라 페라헤라는 약 2000년 역사를 가진 세계에서 가장 오래되고 큰 불교 축제야.

원래는 농경 사회에 필요한 비를 내려 달라고 신들에게 올리는 종교 의식에서 비롯되었는데, 7월 혹은 8월 보름달이 뜨는 날에 열리는 행사였어. 그러다 4세기 초 불치가 인도에서 스리랑카로 넘어오면서 지금의 축제 모습을 갖추게 되었지. 왕이 백성들의 불심을 키우기 위해 1년에 한 번 불치를 당시 수도였던 아누라다푸라에서 행진시킬 것을 명하면서 말이야.

고대 왕들에게 불치를 소유하는 것은 중요한 의미가 있었거든. 불치를 마치

옥쇄와 같이 왕권을 획득하고 유지하는 중요한 상징으로 여겼기 때문이지. 이후 수도가 폴로나루와, 담바데니아로 이동하면서 불치를 보존하는 데 어려움을 겪기도 했어. 하지만 1592년 마지막 왕조의 수도가 캔디로 정해지고 이곳에 불치를 보존하기 위해 불치사를 건설하면서 축제도 더욱 활기를 띠게 되었단다.

불교 축제에 왜 코끼리가 동원되나요?

현재 스리랑카는 다종교 국가야. 하지만 국민의 70퍼센트가 불교를 믿고 있지. 이런 스리랑카에서 코끼리는 그냥 동물이 아니란다. 불교 사원과 부처의 수호신이면서, 건축과 미술에 가장 많이 활용되는 소재이기도 하지.

왜냐하면, 불교에서 코끼리는 신성한 동물이기 때문이야. 그건 바로 불교의 창시자인 부처의 태몽과 관련되어 있어. 어머니 마야 부인이 흰 코끼리가 품 안으로 들어오는 태몽을 꾸고 부처를 낳았거든. 또한, 부처의 자비를 상징하는 보현보살이 상아가 여섯 개 달린 흰 코끼리를 타고 있는 모습으로 자주 묘사되어 코끼리를 자비와 덕을 상징하는 동물로 보고 있어. 더불어 불교 사찰에서 사용하는 용어에도 코끼리(象)를 의미하는 글자가 많이 등장하고. 이렇듯 신성한 동물인 코끼리가 불치를 옮김으로써 사람들은 자비와 축복을 받는다고 믿는 거야.

➕ 지식플러스

스리랑카는 어떤 나라인가요?

인도의 남쪽, 인도양에 둘러싸인 고온 다습한 열대 기후의 작은 섬나라예요. 1505년부터 포르투갈, 네덜란드, 영국의 차례로 약 440년의 식민 통치를 받았지요. 그러다 오랜 투쟁 기간을 거쳐 1948년 영국연방의 '실론 자치령'으로 독립했어요. 이후 1972년에 공화정으로 바뀌면서 나라 이름도 '실론(Ceylon)'에서 현재의 '스리랑카'로 변경했지요. 스리랑카는 '동양의 진주'라고 불릴 만큼 청정한 자연 경관이 아름다워요. 그리고 인도 문화의 영향을 받아 불교 등 고대 문명이 풍부하게 녹아 있는 명소들도 많지요. 또한, 사파이어, 루비 등 세계적으로 유명한 보석 산지가 국토의 20퍼센트에 달하는 보석의 나라로도 유명하답니다. 물론, 세계 3대 홍차로 유명한 '실론티' 또한 빼놓을 수 없는 명물이지요.

소중한 것들을 잃어버린 코끼리들

아프리카코끼리에게 일어난 슬픈 퇴화

'코끼리' 하면 떠오르는 크고 멋진 상아는 바로 코끼리의 '엄니'야. 위턱의 송곳니가 길게 자라난 모습으로 다른 어금니들과 달리 뿌리가 없지. 코끼리는 이러한 상아를 먹이나 물을 찾기 위해 땅을 파헤치거나 자신을 지키는 데 사용해. 그리고 수컷에게만 상아가 있는 아시아코끼리와는 달리 아프리카코끼리에게는 암수 모두에게 한 쌍씩 있지.

그런데 놀라운 일이 일어났어. 아프리카코끼리 암컷의 절반 이상이 상아가 없이 태어난 거야. 도대체 무슨 일이 일어난 것인지 궁금해진 과학자들이 유전자 연구를 진행했어. 그리고 이것이 인간에 의한 일임을 밝혀냈어.

사실 1989년에 이미 코끼리 상아 거래가 금지되었어. 그런데도 사람들이 상아를 얻기 위해 크고 멋진 상아를 가진 코끼리를 주로 밀렵했지. 결국 상아가 없는 돌연변이 유전자를 가진 암컷 코끼리의 생존율이 다섯 배나 높아졌고, 그런 암컷이 가진 유전자가 더 쉽게 유전된 거란다. 살기 위해 크고 멋진 상아를 포기한 거야.

+ 지식플러스

어린 코끼리들을 '파잔'이라는 고문으로 길들여요

　태국, 라오스, 베트남, 인도 등에서 많은 아시아코끼리가 트레킹, 서커스 등의 관광업이나 노역에 이용돼요. 그래서 그곳 사람들은 야생의 새끼 코끼리를 잡아 와서 길들여요. 잡아 온 어린 코끼리를 움직이지 못하도록 밧줄로 결박하거나 좁은 나무틀에 가둬 둔 채 무차별적으로 폭력을 휘둘러요. 10일간 굶기면서 나무 몽둥이로 때리거나 '불훅'이라는 쇠꼬챙이로 찔러 고통을 주지요. 이렇게 길들이는 방식을 '파잔'이라고 부르는데, 이 과정 중에 반 이상의 코끼리들이 실신하거나 죽음에 이르러요. 또한 뇌에 장애가 생기기도 하지요. 원래 코끼리는 동물 중에서도 지능과 기억력이 높은 편인 데다 무리 지어 살며 유대감을 중요하게 여겨요. 하지만 끊임없이 가해지는 고통 속에서 새끼 코끼리들은 자기 자신마저 잊게 되지요. 저항하거나 탈출하려고 해도 소용없다는 것을 배우게 돼요. 그렇게 야생성을 잃고 사람의 말을 따르게 되는 거예요.

살 곳을 잃고 죽어가는 코끼리들

사람들이 경작지를 늘리고 개발하면서 코끼리가 살던 서식지가 계속 줄어들고 있어. 이렇게 살 곳을 잃은 코끼리들은 먹이를 찾아 사람들이 사는 민가를 덮치거나 쓰레기장을 뒤지면서 많은 수가 희생되고 있지.

실제로 스리랑카에서는 매년 쓰레기장에 나타나 플라스틱 쓰레기 등을 먹고 죽은 코끼리들이 날로 늘고 있어. 정부에서 이를 막기 위해 전기 울타리를 치거나 고랑을 파기도 하지만 이것만으로는 문제가 해결되지 않아.

또한, 민가에서 경작지의 피해를 막기 위해 설치한 전기 철조망, 폭탄, 독극물 등에 의해 죽음에 이른 코끼리의 수가 2019년 한 해만도 360여 마리가 넘었어. 환경 단체 보고에 의하면 코끼리 죽음의 85퍼센트가 인간에 의해 일어났다고 하니 정말 안타까운 일이야.

코끼리를 지키기 위한 노력

코끼리 보호를 위해 애쓰고 있어요

상아로 만든 공예품이나 부적은 아름다울 뿐만 아니라 복을 가져온다고 해서 중국, 베트남, 일본 등의 아시아 국가들에서 아주 비싸게 팔렸어. 다행히 코끼리 상아 거래의 최대 시장이었던 중국의 정부가 2017년 12월 31일을 기점으로 모든 상아 거래와 가공 시설을 금지 및 폐쇄했지. 싱가포르와 홍콩 등도 2021년을 기점으로 상아 거래를 전면 금지했어.

또한, 코끼리의 밀렵을 막고 보호하기 위해 노력하는 단체들도 있어. 밀렵꾼들이 주로 노리는 상아가 큰 코끼리들을 지켜보고, 위치 추적 장치를 부착하고 있지. 추적 장치로 코끼리 이동 경로를 파악하고 밀렵에 의한 생존 여부를 알 수 있거든. 더불어 밀렵꾼에 의해 고아가 된 새끼 코끼리들을 돌보고, 코끼리에 관한 연구 활동 및 지역 사회 교육 활동 등 코끼리 보호 활동을 적극적으로 펼치고 있어.

코끼리 관광이 변하고 있어요

최근 들어 '코끼리 트레킹'이나 '코끼리 쇼' 등으로 학대당하는 코끼리들이 널리 알려지고 있어. 이에 따른 비난 여론을 의식하여 코끼리 관광에도 많은 변화가 일어나고 있지.

세계 최대의 여행 사이트인 트립어드바이저에서는 2017년부터 '야생 동물 또는 멸종 위기 동물과의 상호 접촉을 포함하는 관광 상품은 판매하지 않겠다.'라고 밝혔어. 그동안 관광 상품으로 큰 인기를 누렸던 코끼리 트레킹이 바로 여기에 포함되었지.

그리고 생태 위주의 새로운 관광 프로그램들이 생겨났어. 코끼리 보호 센터를 방문해서 코끼리에게 먹이를 주거나, 진흙 목욕, 냇가 목욕 등을 함께 하며 코끼리와 직접 교감하고 코끼리 생태에 대한 자세한 설명을 들을 수 있도록 말이야. 여기서 발생하는 수익 또한 그곳에서 생활하는 코끼리들을 위해 쓰인다니 정말 의미 있는 일이야.

+ 지식플러스

첨단 기술이 코끼리를 지킬 수 있대요

　중앙아프리카 콩고민주공화국에서 '코끼리 듣기 프로젝트'가 진행 중이에요. 바로 누아바레-은도키 국립공원과 인근 숲에 50개의 음향 센서를 설치하고 24시간 소리를 기록하지요. 그중에 코끼리가 내는 소리를 따로 구분해서 코끼리의 수와 이동 경로를 파악해 사람들과의 접촉을 줄이고, 코끼리의 위협 신호를 통해 밀렵꾼들이 출몰하는 시기와 지역을 미리 알아낼 수 있도록 말이죠. 또한, 오스트리아의 한 대학교와 회사가 함께한 연구팀에서 3D 프린터로 출력한 코끼리 상아의 대체품을 선보였어요. 상아 또한 뼈의 일종이란 점에 주목해서 뼈의 주성분인 인산칼슘 입자와 산화규소 파우더를 섞은 합성수지 용액을 만든 후 3D 프린터로 출력했지요. 실제로 오스트리아의 한 성당에 있는 17세기 상아 장식함을 복원하는 데 이 기술을 적용했어요. 이러한 기술의 보급으로 상아의 경제적 가치가 떨어진다면 상아 밀매 및 코끼리 밀렵도 사라질 수 있지 않을까 기대가 돼요.

교과서 속 동물권 키워드

 # 동물의 5대 자유 야생 동물이 아닌 인간의 통제 아래 있는 반려동물과 실험동물, 농장 동물과 동물원 전시 동물 등 모든 동물의 권리와 복지를 위해 만든 다섯 가지 권리를 말해요.

1. 배고픔과 목마름으로부터의 자유
2. 불편함으로부터의 자유
3. 통증·부상·질병으로부터의 자유
4. 정상적인 행동을 표현할 자유
5. 두려움과 괴로움으로부터의 자유

제5장

경마장이 아닌 초원을 함께 달리고 싶어요

초원을 달리고 싶었던 모리스

드디어 '멜버른 컵 데이'

"축하해! 진짜 대단하다. 정말 바람처럼 빨리 달렸어!"

이제 막 올해 마지막 유소년 승마 대회가 끝났어요. 당당하게 1등을 차지한 열세 살 소녀 케이시가 사람들에 둘러싸인 채로 시상대 위에 올랐지요. 케이시는 너무 좋아 한껏 벌어진 입을 다물 수가 없었어요. 물론 우승한 것도 기뻤지만 부모님께서 이번에 1등을 하면 그토록 가고 싶었던 멜버른 컵 축제에 데리고 가 주신다 약속하셨거든요.

케이시가 사는 호주의 멜버른은 매년 11월에 열리는 세계 최대의 경마 축제 '멜버른 컵'으로 아주 유명해요. 특히, 기수인 케이시에게 '멜버른 컵'은 꿈의 무대였지요. 출중한 실력의 기수들과 이름난 명마들의 경주를 직접 관람할 엄청난 기회니까요.

며칠 후 드디어 기다리던 '멜버른 컵 데이'가 되었어요. 아침부터 온 가족이 분주했죠. 아빠는 오랜만에 광택이 흐르는 정장을 꺼내 입었어요.

엄마와 케이시도 화려하고 커다란 모자와 드레스로 한껏 멋을 냈죠.

축제장은 이미 입구에서부터 인산인해를 이루고 있었어요. 케이시네 가족은 화려한 축에도 못 들 정도로 눈이 휙휙 돌아가는 멋진 패션들이 눈앞에 펼쳐졌죠. 여기저기서 등장하는 유명 기수들과 세계적인 팝스타들, 그리고 그들을 둘러싼 팬들의 환호로 거리 곳곳이 시끌벅적했고요.

축제의 불청객?

그런데 화려한 축제 참가자들과 신나는 음악 사이로 어울리지 않는 무리가 눈에 띄었어요. '경마 대회가 경주마들을 죽이고 있어요.'라고 적힌 플래카드와 함께 대회를 중단하라고 외쳐대는 동물 보호 단체들이었죠.

그때 대학생쯤 되어 보이는 남자 한 명이 케이시에게 말을 건넸어요.

"안녕, 너 혹시 케이시 아니니? 이번 유소년 승마 대회 1등! 얼마 전 지역 신문에서 봤어. 나는 앤드류야. 동물 복지를 위해 일하고 있어."

"아, 네. 그럼 전 이만."

케이시는 낯선 사람이 말을 거는 것이 불편해서 그냥 지나가려고 했지요.

"케이시, 잠깐만. 내 말 좀 들어줘. 지난 1년간 호주에서 경주로 인해 목숨을 잃은 경주마가 무려 100여 마리가 훌쩍 넘어. 또 현역에서 물러난 경주마들의 학대 문제도 심각하지. 그래서 말인데, 경주마들과 늘 함께 하는 기수인 네가 경주마를 살리기 위한 캠페인에 동참해 줄 수 있을까? 큰 힘이 될 거야."

앤드류는 간절한 목소리로 부탁했지요.

하지만 케이시는 도대체 뭘 어떻게 하라는 건지 어리둥절하기만 했어

요. 그저 말을 타고 빠르게 경주하는 짜릿함이 좋아 기수가 되었을 뿐이었거든요.

케이시는 부모님께 가야 한다며 황급히 발길을 돌렸어요.

"그럼, 이거라도 읽어 줘. 우린 지금 무조건 축제를 없애자는 게 아니야. 경주마를 지켜 줄 방법을 찾기 위해 노력하자는 거지."

앤드류는 언뜻 보아도 말들의 슬픈 얼굴이 가득한 소책자를 케이시의

손에 쥐여 주었어요. 케이시는 얼떨결에 받아들긴 했지만 앤드류의 말에 동의할 수 없었지요. 호주에서 경마는 전 국민의 스포츠예요. 모두가 사랑하는 경주마들을 함부로 다룬다니 믿을 수 없었죠.

오히려 동물 보호 단체들이 못마땅했어요. 사실 그들이 동물권이 존중되지 않는 축제에 돈만 보고 참여하는 거냐고 유명 팝스타를 비난해서 기대했던 공연이 취소됐거든요. 안 그래도 속상했는데 축제 기분까지 망치는 것 같아 더 화가 났죠.

달려라, 모리스!

"케이시, 넌 어떤 말에 베팅할 거냐?"

경주장 안으로 들어서며 아빠가 물었어요.

"당연히 '레전드 모리스'죠! 이번 시즌에도 최고 기록을 달성했어요. 전 모리스 첫 출전부터 일편단심이었다고요."

케이시는 잔뜩 들뜬 목소리로 자신 있게 대답했지요. 경마 경기에서 어떤 말이 우승할지는 알 수 없어요. 그래서 어떤 말에 돈을 걸지 베팅하는 것은 쉽지 않지만 케이시는 주저하지 않았어요.

사실 호주에서 경마 베팅은 남녀노소 누구나 할 수 있어요. 실제로 학교는 물론 관공서까지 장소를 가리지 않고 학생부터 선생님까지 다 함께 베팅에 참여하죠.

어느새 경마 대회에 참가할 스물네 마리의 말과 기수가 등장했어요. 기수들은 저마다 가볍게 몸을 풀면서 관중석을 향해 손을 흔들었지요.

"역시, 모리스는 정말 멋져! 언젠가 나도 모리스와 꼭 함께 달려보고 싶어요."

케이시는 모리스를 향한 간절한 바람을 털어놓았지요.

드디어, 운명의 시간이 다가왔어요. 경주를 지켜보는 관중석에도 묘한 긴장감이 돌았지요.

탕!

출발 신호가 울리자 말과 기수가 트랙을 힘차게 달려 나갔어요. 여기저기서 응원 소리가 울려 퍼졌어요. 말과 기수들은 앞서거니 뒤서거니 하며 긴장된 레이스를 이어갔지요.

'아, 제발! 모리스, 달려! 거침없이 달리는 너의 모습이 정말 눈부셔.'

케이시는 기도하듯 두 손을 앞으로 모았어요.

"케이시, 저기 봐. 모리스가 선두로 나왔어. 정말 우승이 코앞이네."

마음을 졸이며 어쩔 줄 몰라 하는 케이시의 손을 엄마가 따뜻하게 잡아 주셨어요.

그런데 바로 그때였어요. 선두로 코너를 돌던 모리스가 갑자기 넘어진 거예요. 기수도 낙마하여 바닥을 굴렀어요. 응급 상황이었죠.

뒤이어 달리던 말과 기수들은 재빨리 그들을 피해서 달려 나가고 응급

의료진들이 기수를 들것에 싣고 나갔어요. 여기저기서 걱정 어린 탄식과 원망 섞인 야유가 함께 들려왔어요.

"엄마, 나 모리스가 괜찮은지 보고 올래."

케이시는 총알처럼 달려 나갔어요. 사실 경기장은 기수인 케이시에게 낯선 곳이 아니에요. 연습과 경기 참관을 위해 몇 번 와 본 적이 있었지요. 케이시는 재빨리 말과 기수들의 전용 출입구 쪽으로 달려갔어요.

모리스, 널 잊지 않을게

한참 들어가자 구석진 곳에서 모리스가 보였죠. 하지만 늘 당당하고 늠름했던 모리스의 모습은 이미 온데간데없이 사라진 후였어요. 넘어진 상태에서 크고 검은 눈동자만이 눈물을 가득 담아 반짝이고 있었지요. 케이시의 가슴이 먹먹해져 선뜻 모리스 곁으로 다가갈 수 없었어요.

그때, 수의사가 다급하게 뛰어와 진찰을 시작했지요.

"어때요? 다시 뛸 수 있겠습니까?"

키가 크고 턱에 거뭇거뭇한 수염이 가득한 말 관리자가 수의사에게 물었어요.

"뭐요? 뛴다고요, 이 다리로? 이미 말하지 않았습니까? 모리스는 이번 시즌에 너무 무리했어요. 연골이 닳을 대로 닳아서……. 이젠 못 뜁니다. 아니 걷기도 힘들어요."

수의사는 괴로운 듯 잔뜩 찡그린 얼굴로 대답했어요.

"에이, 한참 몸값 확실히 올라갔는데……. 이번 대회만 제대로 마치고 나면 씨말로 비싸게 팔려고 했더니."

클럽 대표로 보이는 사람은 모리스의 상태를 걱정하기는커녕 불만을 터트렸죠.

"지금 진통제를 몽땅 투여했지만 오래 버틸 수 없어요. 아무래도 안락사시켜야 할 것 같아요."

수의사는 두어 번 깊게 한숨을 내쉬고 힘겹게 이야기했어요. 관리자와 대표는 자기들끼리 몇 마디 더 주고받은 다음 자리를 떴지요.

기둥 뒤에서 대화를 듣고 있던 케이시는 너무 놀랐어요. 눈에서 계속 눈물이 터져 나왔어요. 더는 참지 못하고 모리스를 향해 달려갔지요.

"안 돼요. 모리스 죽이지 말아요. 제발 그냥 살려 주세요."

케이시는 모리스의 목을 끌어안으며 수의사 아저씨께 간곡히 부탁했어요.

"얘야, 안타깝지만 이미 너무 늦었어. 말 못 하는 짐승이라고 이리 대해서는 안 되는 건데. 사실 지금 모리스에게는 살아 있는 게 더 고통일 거야, 비켜 주겠니? 이제 편하게 보내 주자."

"안 돼요. 모리스는 달릴 때 가장 행복해 보였어요. 언젠가 함께 달리고 싶었는데."

"그래, 아마 모리스도 달리고 싶을 거야. 다만 혹독한 트랙이 아닌 자유로운 초원을 말이다."

케이시는 아저씨의 말을 듣고 갑자기 뒤통수를 한 대 세게 얻어맞은 것 같았어요. 늘 트랙만 달리던 모리스가 초원을 힘차게 달리는 모습을

상상하자 마음 한쪽이 콕콕 쑤셨지요.

힘없이 출입구를 빠져나오자 동물 보호 단체들의 부스 옆으로 학대당하는 경주마들을 담은 영상이 보였어요. 수많은 또 다른 모리스들이 고통으로 울부짖고 있었지요.

'이대로는 안 돼. 앞으로 나와 달릴 경주마들을 지키기 위해 나도 힘을 보태야겠어!'

케이시는 두 손을 불끈 쥐었어요.

세계적인 경마 축제

멜버른 컵에서 탄생한 역사적 인물

사실 경마 대회에서는 상대적으로 남자 기수를 선호해. 그런데 멜버른 컵 대회에서 그러한 경마 문화를 비웃는 획기적인 일이 일어났지.

이 사건의 주인공은 바로 '미셸 페인'이라는 여자 기수야. 그녀는 멜버른 컵 사상 155년 만의 첫 여성 우승자가 되었어. 사실 이 대회 이전 경마에서 3200번 출전에 16번 골절, 7번 낙마 기록을 갖고 있어서, 2015년 출전 당시 우승 확률이 고작 1퍼센트였어. 또한, 그때까지 본 대회에 출전한 여자 선수는 기껏해야 단 네 명뿐이기도 했고.

그런데도 당당히 승리해서 그녀를 믿고 돈을 건 사람들에게 무려 100배의 배당금 수익을 안겨 주었지. 그리고 당시 뜨거운 열기로 후끈 달아올랐던 멜버른 컵 경마 대회와 자신의 한계를 뛰어넘어 멋진 도전을 했던 그녀의 감동 스토리는 영화 <라라걸(Ride Like a Girl)>로도 제작되었단다.

+ 지식플러스

호주의 멜버른은 어떤 도시인가요?

　멜버른은 캥거루와 코알라로 우리에게 잘 알려진 나라 호주에서 시드니 다음으로 큰 도시예요. 빅토리아주의 주도이자 옛 건축물들을 잘 보존하고 있는 문화의 도시로도 유명해요. 특히 호주가 1901년 독립 이전에 영국의 식민지였던 만큼, 구시가지 건물들은 아직도 '남반구의 런던'이라고 불릴 정도로 빅토리아 시대 양식이 많이 남아 있지요. 물론 신시가지는 시드니 못지않은 고층 건물들이 즐비한 대도시랍니다. 그뿐만 아니라, 축구와 럭비, 테니스, F1, 경마 등의 다양한 스포츠를 즐길 수 있는 경기장들이 있어서 스포츠의 수도라는 별명도 가지고 있지요.

멜버른 컵 더 알아보기

멜버른 컵 축제는 1861년에 열일곱 마리 말에 170파운드의 상금을 걸고 시작한 경주에서 유래되었어. 벌써 160년도 넘게 지속된 데다 심지어 제2차 세계 대전 때도 거르지 않았던 역사 깊은 축제야.

특히, 매년 11월의 첫째 화요일로 정해진 '멜버른 컵 데이'에는 무려 800만 달러(한화 약 70억 원)의 상금이 걸린 경마 경주가 있어. 축제가 열리는 멜버른을 포함한 빅토리아주는 이날을 아예 공휴일로 지정하기까지 했지. 그뿐만 아니라 호주의 다른 주에서도 경마가 열리는 3시만큼은 하던 모든 일을 멈추고 경마 중계를 지켜봐. 나라 전체를 멈추게 만드는 엄청난 경마 대회인 셈이야. 경마는 호주 전역은 물론이고 세계 각국으로 생중계되지.

또한, 멜버른 컵 축제에서 경마만큼 중요한 것이 있는데, 그건 바로 패션이야. 남자는 정장, 여자는 드레스와 모자로 멋을 내는데, 매년 특정 '드레스 코드'가 정해져. 축제 참가자 모두가 패션에 매우 신경 써서 멋진 차림의 사람들을 구경하는 것만으로도 정말 흥미롭단다.

단순히 드레스 코드만 정하는 것이 아니라 참여자들이 자신들의 멋진 차림을 뽐낼 수 있도록 패션 대회도 열려. 이 대회는 축제에 참여한 누구나 나갈 수 있

　는 일반인 분야와 전문 디자이너들이 참여하는 전문 패션 분야로 나누어 진행되지.

　2020년부터는 코로나19 팬데믹 상황을 고려해서 온라인으로 실시하여 호주 전역에 사는 누구나 참여할 수 있도록 하기도 했어.

인간의 즐거움을 위해 학대당하는 말들

끊이지 않는 경주마 학대 논란

경주마는 힘이 좋으면서도 빨라야 해. 그래서 몸통은 근육질로 우람하게, 다리는 길고 가늘게 품종을 개량했지. 그런데 이런 신체 구조 때문에 부상에 아주 취약하단다. 경주마는 보통 두 살이 되면 경기에 나서는데 이 시기의 말은 트랙을 달리며 극심한 자극을 이겨낼 만큼 튼튼하지 않아. 그래서 많은 수의 경주마들이 경기 도중에 다치고 때론 죽기도 하지. 이 밖에도 경주마 번식 방법과 약물 사용 등이 끊임없이 문제로 떠오르고 있어.

또한, 말의 수명은 30년인데 보통 경주마로 활동하며 보내는 기간은 단 4~5년이야. 그렇다 보니 퇴역 이후의 상황이 문제가 되는 경우가 많아. 일반인에게 팔리기도 하지만 대다수가 도살되고 있어.

우리나라에서도 경주마 학대 사건이 연이어 발생해서 말 복지 문제가 사회적 이슈로 떠올랐어. 2014년에 보험금을 노린 말 주인이 건강한 경주마의 머리를 내리치고, 다리를 부러트리는 사건이 생겨서 떠들썩했지.

이어 2020년 1월에는 다른 말들이 보는 앞에서 퇴역 경주마를 도축한 축산 관계자들이 동물 보호법 위반 혐의로 국내 첫 유죄 판결을 받기도 했고 말이야. 안타깝게도 이러한 퇴역 경주마에 대한 학대 논란으로 한 국제 동물 인권 단체에서는 한국에 경주마를 수출하는 것을 막는 정책을 채택하기도 하며 국제적인 비난까지 받았단다.

축제 속 말들은 공포 체험 중?

스페인 북서부 사부세도 마을에서 매년 7월 첫 번째 주 토요일부터 월요일까지 '라파 다스 베스타스(Rapa Das Bestas)'라는 축제가 열려. 400여 년 이상 이어져 온 이 축제는 산에 풀어놓고 자유롭게 기르는 말들을 마을로 몰고 와 털을 깎고 낙인을 찍는 일명 '야생마 길들이기' 축제야.

이 축제는 오래전부터 내려온 전통적인 말 사육 방식에서 유래되었어. 이 지역에서는 말들을 산에다 풀어두고 키우는데 이들은 가축화된 말들과 달리 야생성을 유지할 수 있고 스트레스를 덜 받으며 건강하게 생활할 수 있다고 해. 단, 1년에 한 번 이 지역 주민들이 말들을 관리하기 위해 망아지의 털을 깎고 낙인을 찍었는데 이것이 마을의 축제가 된 거지. 사람들은 '쿠로'라고 불리는 울타리 안으로 말을 몰아서 갈기를 다듬거나 어린 말들에게 낙인을 찍어.

동물 보호 단체에서는 동물 학대란 이유로 축제 중지를 요구하고 있어. 하지만 갈리시아 지방 사람들은 야생마 길들이기 축제 덕분에 무더위를 날려 보낼 수 있다고 축제를 계속 유지해야 한다고 주장하지.

너희 생각은 어때? 사람들에게는 즐거운 볼거리, 흥미로운 체험일지 모르지만, 말들에게는 끔찍한 공포 체험이 아닐까?

말을 지키기 위한 노력

> **여러 매체에 출연하는 말의 안전을 생각해요**

2022년 초, 한 공영 방송 드라마에서 주인공이 말에서 떨어지는 장면을 촬영해야 했어. 그래서 말의 발목에 와이어를 묶어 강제로 넘어뜨렸고, 이 모습이 담긴 영상이 사람들에게 공개되었지.

그러자 영상을 시청한 사람들이 말의 상태를 걱정해서 확인해 달라는 요구를 했고, 촬영 1주일 후에 죽었다는 사실이 알려져 동물 학대 논란이 크게 일었어.

방송사 측에서는 사고 직후에는 겉으로 보이는 부상이 없어서 그냥 돌려보냈었다며 다시는 이런 일이 없을 거라고 사과문도 발표했지만, 논란은 가라앉지 않았어. 그리고 동물 보호 단체들은 이러한 촬영 방식이 동물에게 상해를 입히는 행위를 금지하는 동물 보호법에 위반되는 학대 행위라며 강하게 항의했지. 드라마 촬영장 책임자를 경찰에 고발하기도 했고 말이야.

또한, 청와대 국민 청원 게시판에는 '방송 촬영을 위해 동물을 소품 취급하는 드라마 방영을 중지하고 처벌해 달라'는 청원이 올라와 수만 명의 동의를 얻었단다. 이번 일을 계기로 말을 비롯한 동물을 참여시키는 영상물 제작 시 동물권을 더 신중하게 고려할 수 있는 촬영 문화가 마련되기를 기대해 보자.

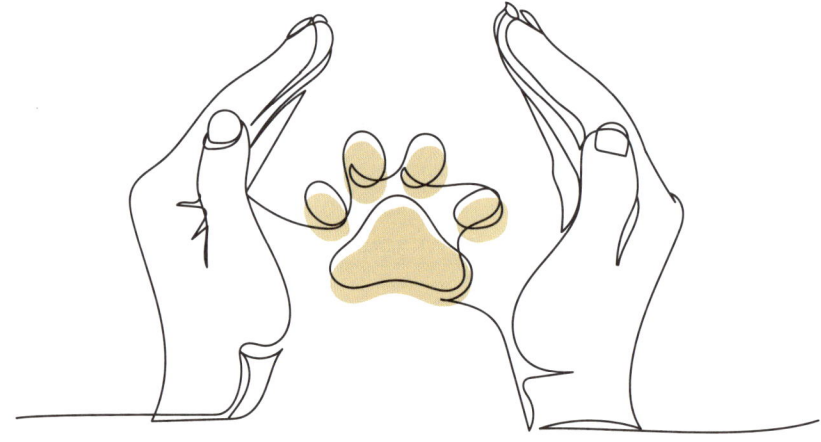

+ 지식플러스

말 복지 수준을 높이기 위한 노력

지난 2021년 한국마사회에서 말 복지 수준을 높이기 위해 여섯 가지 가이드라인을 제공했어요. 말의 건강과 복지를 최우선으로 하는 가이드라인 제공을 통해 세계에서 최초로 동물 보호법을 제정한 영국 수준으로 말 복지 수준을 높이는 것을 목표로 삼고 있답니다. 꼭 잘 지켜졌으면 좋겠어요.

1. 말의 복지 최우선 및 파트너십 강화
말 관계자는 무엇보다 말의 건강과 복지를 우선적으로 고려하여 말과 상호 간의 신뢰 관계를 형성해야 해요.

2. 적절한 사육 및 관리 의무 준수
말 관계자는 말의 건강과 복지에 관심을 갖고 관리 방법에 신경 써서 적절한 복지 수준을 유지하기 위해 책임감을 가져야 해요.

3. 동물 학대 금지
말 관계자는 '동물 보호법' 상 규정된 동물 학대의 의미를 잘 이해하고 말을 소유·관리·이용 시 학대 행위를 하지 않아요.

4. 교육 활동 참여
말 관계자는 말의 건강과 복지를 높이기 위한 교육 및 말을 상대하는 과정에서 자신과 말을 보호하기 위한 교육에 적극적으로 참가해요.

5. 말의 적절한 활용
말 관계자는 자신이 관리하는 말이 최적의 건강 상태에서 자신의 용도에 맞는 최상의 능력을 발휘할 수 있도록 도와줘야 해요.

6. 수의사에 의한 말의 인도적 처리
질병과 고통으로부터 회복이 어려워 삶을 누릴 수 없을 때, 사람이나 말에게 질병을 옮기거나 사람의 생명, 신체, 재산에 피해를 끼칠 우려가 높다고 수의사가 판단하는 경우에는 수의사의 감독하에 안락사 등의 필요한 조치에 협조해야 해요.

<출처-호스피아(말산업정보포털), 말 복지 가이드라인(2차 개정, 20.12.18.)>

교과서 속 동물권 키워드

 # 동물 복지 동물이 살아 있는 동안 배고픔이나 질병 따위에 시달리지 않고 건강하고 행복하게 살아갈 수 있도록 하는 것을 말해요.

 # 동물 복지 인증 제도 농림축산식품부에서 동물이 본래의 습성 등을 유지하면서 정상적으로 살 수 있도록 동물 복지 기준에 따라 관리하는 축산 농장에 대해 인증하는 제도를 말해요. 2012년 산란계, 2013년 양돈, 2014년 육계, 2015년 한·육우, 젖소 및 염소, 2016년 오리로 점차 확대되었지요.

제6장

낙타 미모 경연 대회를 발칵 뒤집은 성형 스캔들!

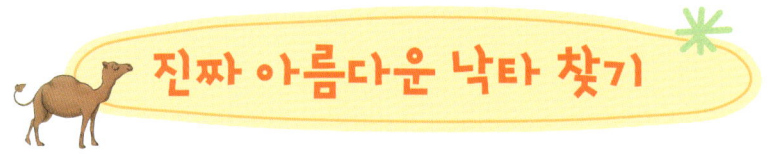

진짜 아름다운 낙타 찾기

이모네 가족 방문

"오마르, 저녁 식사하게 동생들 데리고 어서 들어오렴."

오마르는 옷에 가득 묻은 모래를 털어내고 하산과 자말을 집 안으로 이끌었어요. 하산과 자말은 오마르의 이종사촌이에요. 바로 내일부터 열리는 '압둘아지즈 국왕 낙타 축제'에 참여하기 위해 오마르네 집을 찾았답니다. 이 축제는 오마르가 사는 사우디아라비아의 수도 리야드 사막에서 매년 12월에 약 한 달간 열려요.

저녁 식탁에는 맛있는 음식들이 가득했지요. 다들 즐거운 얼굴로 식사를 시작했어요.

"무하마드, 올해는 작년보다 더 많은 낙타를 데리고 왔구먼."

아빠가 애써 부러운 기색을 감추며 이모부에게 물었지요.

"네, 이게 다 작년 '낙타 미모 경연 대회' 덕분 아니겠습니까? 비록 1등은 못했지만, 상금도 꽤 쏠쏠했고 수상한 낙타들은 훨씬 비싼 값으로 팔아 재미 좀 보았지요."

이모부는 머리에 쓴 붉은색과 흰색의 체크무늬 구트라를 살짝 뒤로 날리며 자랑하듯 대답했어요.

"형님네 낙타들도 이번엔 수상해야 할 텐데. 마땅치 않으면 저희 낙타들 좀 빌려드릴까요?"

이모부는 여전히 거들먹거리는 목소리로 말을 이었어요.

"아니, 그게 무슨 말인가? 비록 수상하지는 못했지만, 우리 농장은 대대로 어디 내놔도 손색없는 훌륭한 낙타들이 많기로 유명했네."

아빠는 언짢았는지 정색하며 소리를 높였지요.

"알지요. 근데 대회라는 게 다 기준이 있잖아요. 저야 도움이 되고 싶어서 말씀드린 거지요."

서슬 퍼런 아빠의 반응에 목소리가 한풀 꺾인 이모부가 변명하듯 대답했어요.

"이모부, 대체 대회 기준이 뭐예요?"

옆에서 가만히 대화를 듣고 있던 오마르가 물었지요.

"요 녀석, 궁금하냐? 다 말하기는 그렇고 몇 가지만 알려 주마. 일단 전반적인 건강 상태와 털의 윤기를 보는 건 기본! 그리고 큰 머리에 작은 귀, 균형 잡힌 코와 입술, 그리고 굵고 긴 목이 핵심이지. 또, 혹은 크고 모양이 좋아야 하는데, 높으면서도 타기 좋게 약간 뒤에 있는 게 좋단다. 강한 어깨에 곧고 튼튼한 다리, 심지어 발가락 사이의 간격까지도 본다고 하더라."

"우와, 그렇게나 많아요? 그나저나 그런 기준은 누가 정하는 거예요?"

"뭐, 심사할 사람들 보기에 좋은 대로 정했겠지. 오마르, 이모부가 자랑하려고 하는 말은 아니지만, 우리 낙타들을 보면 딱 느낌이 올 거다! 두툼한 입술에 큼지막한 코는 말할 것도 없고 몸도 탄탄한 게 얼마나 보기 좋은지."

대화가 영 못마땅했는지 서둘러 식사를 마친 아빠가 자리에서 일어나 남성 전용 응접실로 향했어요. 따가운 이모의 시선을 느낀 이모부도 아빠를 따라 나갔지요.

이거 진짜 비밀이야

식사 정리를 마친 엄마와 이모가 아바야와 히잡을 벗었지요. 머리와 온몸을 휘감고 있던 검은 천이 사라지자 엄마와 이모의 표정이 한결 밝아 보였어요.

"자밀라, 너 얼굴이 좀 갸름해진 것 같다. 코끝도 더 뾰족해진 것 같고."

엄마는 이모의 얼굴과 몸 여기저기를 눈으로 훑으며 이야기했어요.

"그래? 티가 나? 이거 언니한테만 말하는 건데, 나 사실 성형했어. 지방흡입도 좀 하고, 보톡스랑 필러도 좀 맞았지."

"정말? 하긴 요즘 시내 나가 보면 성형외과가 정말 많더라. 나도 하고 싶다."

오마르는 자기도 모르게 이모와 엄마의 대화에 빠져들었어요. 언젠가 텔레비전에서 한국까지 성형 여행을 갔다 온 가족의 이야기를 본 적이 있었어요. 그런데 이모나 엄마와 같이 가까운 사람들이 아무렇지 않게 성형을 이야기하는 게 놀라웠지요.

"오마르, 아까 동생들과 낙타 구경 간다고 하지 않았니?"

엄마는 불편한 시선을 느꼈는지 대화를 하다 말고 오마르에게 말했어요. 떠밀리듯 쫓겨난 오마르는 동생들과 낙타를 보러 갔지요.

"하산, 이모가 성형하다니. 심지어 엄마는 그걸 부러워하고. 난 이해가 안 돼. 우리 엄마나 이모는 그런 거 안 해도 충분히 예쁜데."

"형, 보톡스, 필러 정도는 성형도 아니래. 나도 나중에 콧대를 좀 높이고 싶어. 이렇게!"

하산이 자기 코에 손가락을 붙여 높이 세우는 시늉을 했어요. 그러자 옆에 있던 자말도 말을 덧붙였어요.

"맞아. 자기 돈 들여서 예쁘고 멋지게 바꾼다는데 그게 뭐 어때. 그리고 요샌 낙타도 성형하는데. 우리 집 낙타들도 입술이랑 코에 보톡……"

하산이 자말의 옆구리를 푹 찔렀어요. 갑작스러운 공격에 아파하던 자

말이 뭔가 떠올랐는지 자기 입을 틀어막았죠. 하지만 내뱉은 말을 주워 담기는 이미 늦었지요.

"뭐? 낙타를 성형했다고? 낙타한테 약물 사용하는 건 부정행위잖아."

평소보다 눈이 두 배는 더 커진 오마르가 자말에게 물었어요. 자말은 입을 막은 두 손을 절대 내릴 수 없다는 듯 그저 고개만 휘저었지요. 하산도 눈을 피하며 한숨만 내쉬었고요.

하지만 오마르도 물러서지 않았어요. 계속해서 동생들을 추궁했지요. 결국, 두 손 두 발 다 들었다는 듯 하산이 입을 열었어요.

"오마르 형, 이거 진짜 비밀이야. 알다시피 낙타 미모 경연 대회 상금이 어마어마하잖아. 그래서 기준에 맞게 낙타들 손 좀 본 거지. 그리고 사실 그에 관한 규정이 엄격하지도 않아."

"진짜 낙타한테 성형 시술을 했다는 거야?"

"사실 작년에는 혹시나 해서 몇 마리만 맞추셨는데, 그 낙타들이 상을 받았거든. 그래서 올해는 좀 더 많이 맞춘 거야. 형이 봐봐. 우리 낙타들, 입술이랑 코! 진짜 최고지. 큼직하니 주름도 없이 탱탱한 게 얼핏 봐도 형네 낙타들과는 비교도 안 되잖아."

"그래도 우린 보톡스 정도만 맞췄지. 다른 사람들은 낙타들에게 근육 부풀리는 호르몬 주사에 필러까지 맞힌대. 까다로운 대회 심사 기준에

맞추려다 보니……."

오마르는 앞다투어 변명하기 바쁜 동생들에게 더는 어떤 말도 꺼낼 수가 없었지요.

오마르네 낙타들과 이모부네 낙타들

어느새 어둠이 걷히고 푸르른 새벽빛이 사막을 물들였어요. 오마르는 지난밤에 알게 된 비밀 때문에 밤새 잠을 이루지 못했어요. 밝아오는 창밖을 바라보다 자리를 박차고 낙타 농장으로 향했지요.

도착해 보니 낯익은 뒷모습이 눈에 들어왔어요. 아빠였죠.

"오마르니? 한창 자고 있을 시간에 여긴 무슨 일이야?"

"잠이 잘 안 와서요. 아빠야말로 이른 시간에 여기서 뭘 하세요?"

"네가 몰라서 그렇지 아빠는 늘 이 시간에 낙타들 먹이도 주고 건강 상태도 살핀단다. 너도 알다시피 우리 집 최고 보물들이 아니냐? 정말 낙타란 동물은 어디 하나 버릴 곳이 없이 유용하고 소중한 동물이지. 사막의……."

"'사막의 배'라고 할 수 있는 소중한 운송 수단인 데다 똥은 태워서 연료로 쓰고, 젖은 우유로, 고기는 식량으로, 털은 옷으로도 만든다! 이미 너무 많이 들어서 다 외웠다고요."

"하하하, 그래 잘 알고 있구나. 아무튼, 우리 낙타들 좀 봐라. 잘 먹이고 매일 정성으로 보살피니 건강하고 털에도 윤기가 흐르는 게 정말 멋지지 않니? 대회에서 상을 받지는 못하더라도 꼭 좋은 주인들을 만났으면 좋겠구나."

아빠는 무리 중 한 마리를 쓰다듬으며 말씀하셨지요. 하지만 오마르의

눈에 비친 낙타들은 이모부네 낙타들에 비하면 훨씬 초라해 보였어요. 자꾸 어제 본 두툼한 코와 입술이 떠오르며 기분이 나빠졌지요.

"아빠, 낙타도 멋지게 성형할 수 있다는 것 아세요? 우리 낙타들도 해 주면 안 돼요?"

"오마르, 나도 그런 얘기는 들었단다. 하지만 안전한지 확인도 제대로 안 된 시술을 낙타에게 했다가 건강과 생명에 문제가 생길 수도 있어. 소

중한 낙타 문화를 지키겠다고 시작된 축제에서 오히려 낙타를 해치는 일들이 일어나서는 안 되지. 다시는 그런 소리 말아라."

아빠의 말씀을 듣고 나니, 잠시나마 그런 생각을 했다는 것이 부끄러웠어요.

그새 말간 해가 사막 위로 얼굴을 내비쳤어요. 다들 분주히 축제에 갈 준비를 했지요. 오마르네 낙타들과 이모부네 낙타들도 출발하기 위해 대열을 정비했어요.

바로 그때, 이모부네 낙타를 바라보던 아빠가 어두운 표정으로 말씀하셨어요.

"무하마드, 자네 혹시 낙타들 귀를 자른 건가?"

"아, 형님. 작은 귀가 미의 조건 중에 하나라서요. 훨씬 보기 좋지 않습니까?"

"낙타들은 저마다 자연스러운 아름다움을 가지고 있는데, 꼭 그렇게까지 해야 하는가?"

아빠는 못마땅한 듯 큰 소리를 내뱉고는 앞서 출발하셨지요. 오마르도 아빠를 따라 대회장으로 갔어요. 한눈에 봐도 이모부네 낙타들이 훨씬 화려하고 멋져 보였지요. 가는 내내 가슴속에 무언가 계속 울컥울컥 올라오는 것 같았어요.

터져 버린 입술과 드러난 진실

대회장은 끝도 없이 걸어오는 낙타의 행렬과 사람들로 북적였어요. 여러 명의 심사 위원이 바쁘게 낙타 주위를 맴돌았어요. 평가지에 기록하는 손이 바쁘게 움직였지요.

이모부네 낙타들의 차례가 왔어요. 무하마드 이모부가 앞선 낙타 위에 앉아 붉은 천을 흔들며 낙타들을 이끌고 행진했지요. 여기저기서 탄성이 터져 나왔어요.

그런데 갑자기 행렬 중간쯤에서 고통스러운 낙타 울음소리가 들렸어요. 그곳엔 입술이 터져버린 낙타가 신음하고 있었지요. 둥글게 부풀어 보기 좋게 탐스럽던 입술은 온데간데없이 사라졌어요. 찢어져 너덜거리는 입술 밖으로 피가 흘렀죠. 곳곳에서 야유와 비명이 울려 퍼졌어요. 때마침 달려온 수의사가 낙타의 상태를 살폈어요.

"보톡스를 너무 많이 맞았네요. 말도 못 하는 동물이 얼마나 고통스러웠을지. 이건 엄연한 동물 학대입니다."

"제가 얼마나 아끼면서 키운 낙타인데. 학대라니 정말 억울합니다. 그리고 뭐 우리만 그랬나요? 보톡스만이 아니라 필러에 호르몬 주사까지 맞힌 낙타들도 있다고요."

이모부는 반성하기는커녕 억울하다며 그 자리에 드러누웠어요. 그러는 사이 심사 위원들은 보톡스를 맞은 낙타들을 실격 처리했어요. 그리고 앞으로 5년간 대회 참가도 금지했지요.

결국, 이모부는 축제 진행 요원들에 의해 축제장 밖으로 쫓겨났어요.

오마르는 고개를 돌려 아빠가 이끄는 낙타들을 바라보았어요. 조금 전까지 볼품없어 보이던 낙타들이 모두 저마다의 미모를 뽐내고 있었답니다.

압둘아지즈 국왕 낙타 축제 속으로

성형 논란으로 얼룩진 낙타 축제

> 압둘아지즈 국왕 낙타 축제

사우디아라비아는 세계 제2의 산유국이야. 국가 경제 활동 대부분이 석유 수출에 의존하고 있지. 그러다 보니 혹시 미래에 석유가 부족해지거나 환경 보호를 위한 천연 에너지의 사용이 늘어나 석유 수요가 감소할까 봐 크게 걱정하고 있어. 그래서 이를 대비해 국가가 주도적으로 다양한 개혁 사업을 시행하고 있어.

압둘아지즈 국왕 낙타 축제도 그 사업 중 하나야. 사우디인들에게 예부터 중요했던 낙타 산업을 보존하고 그 전통을 이어나간다는 뜻을 담고 있어. 그래서 사우디아라비아의 첫 국왕이었던 '압둘아지즈'의 이름을 따서 2017년부터 시

작됐지. 오래된 축제는 아니지만, 현재 사우디아라비아에서 가장 인기 있는 축제 중 하나야.

낙타 미모 경연 대회

낙타 축제에서 가장 유명한 행사는 바로 '낙타 미모 경연 대회'야. 대회에서 상을 받은 낙타는 높은 상금을 받을 뿐 아니라 더 비싼 가격에 팔 수 있어서 사육자들의 경쟁이 늘 치열하단다.

2021년에 열린 대회에서는 총 6600만 달러(한화 약 780억 원)의 어마어마한 상금이 걸렸어. 그런데 대회 시작도 전에 43마리의 낙타가 실격 처리되어 큰 화제가 됐단다.

일부 낙타 주인들이 입술이나 볼, 혹이나 머리 등에 보톡스와 필러를 사용하고 근육을 크게 하려고 호르몬 주사를 맞히거나 신체 일부를 고무 밴드로 묶어 부풀리기까지 했던 거야.

사실 축제 주최 측은 낙타 미용에 관한 부정행위를 강력하게 단속하겠다고 미리 경고했어. 그리고 이번엔 X선 촬영, 유전자 샘플 조사 등 첨단 기술까지 동원해서 성형한 낙타를 가려낸 거야. 몰래 낙타 성형을 시도하는 사육자들과 그 걸 가려내려는 노력이 참 놀랍지 않니?

이렇게까지 했으니 앞으로 더는 성형 논란으로 대회가 시끄럽진 않겠지?

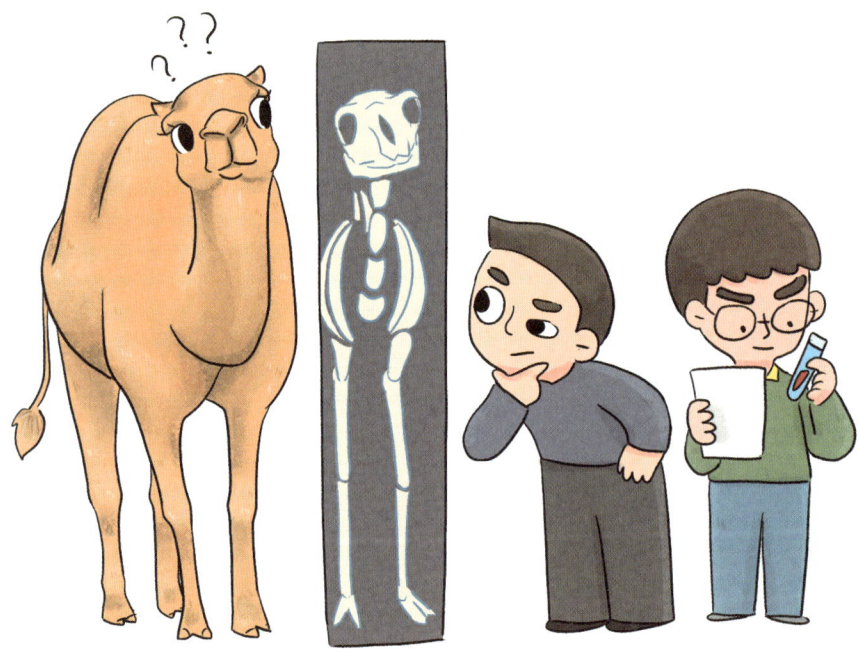

➕ 지식플러스

사우디아라비아는 어떤 나라인가요?

사우디아라비아는 아시아 서쪽에 있는 아라비아반도 대부분을 차지하는 나라예요. 정식 국가 이름은 사우디아라비아 왕국으로 국왕이 국가를 직접 통치하죠. 국토 면적 세계 12위에 오를 정도로 넓은 영토를 가지고 있지만, 대부분이 사막으로 이루어져 있어요. 이슬람교의 발상지이자 전 세계에서 가장 엄격한 이슬람 국가예요. 특히 하루에 다섯 번씩 정해진 기도 시간이 있는데, 이때는 모든 관공서를 포함해서 상가, 식당 등이 30~40분간 문을 닫아요. 술이나 음란물, 다른 종교 서적 등은 가지고 있는 것조차 금지되어 있어요. 그리고 여성의 신체 활동을 엄격하게 통제하는 보수적인 나라예요. 하지만 2016년에 발표한 개방 정책으로 규제가 많이 풀렸지요. 2017년부터 여학생을 위한 체육 수업이 도입됐고, 2018년에는 여성의 운전이 허용되었지요. 2019년에는 남성 동반 없이 여권 신청과 외국 여행 등을 할 수 있게 됐어요. 더불어 2022년 낙타 미모 경연 대회에도 최초로 여성 참가가 허락되어 40여 명이 참여했답니다.

인간의 기준에 의해 고통받는 동물들

가족 같은 낙타에게 돌 주머니를?

파키스탄에서 매년 개최되는 인기 스포츠 대회가 있어. 바로 낙타의 등에 무거운 돌 주머니를 올리는 일명 '낙타 역도 대회'야.

지난 대회(2019년)에도 2만 명이나 되는 관람객이 몰려들었지. 특히, 이 대회에서는 무려 1700킬로그램에 달하는 돌 주머니를 등에 얹고 버틴 낙타가 등장해서 큰 관심을 받았단다.

하지만 얼마 되지 않아 관광객들의 열띤 환호성을 뒤로한 채 낙타가 그 자리에 털썩 주저앉고 말았어. 도저히 그 무게를 이겨낼 수 없었던 거지.

이를 두고 국제 동물 단체에서는 동물 학대라고 주인과 대회를 비판했어. 하지만 낙타 주인은 항상 낙타를 아들처럼 생각하며 정성을 다해 키워 왔다며 학대한 적이 없다고 억울해했단다.

그런데 말이야, 대회 1등을 위해 1700킬로그램의 돌 주머니를 짊어지게 한 주인을 낙타도 아빠처럼 생각했을까?

더 알아봐요

+ 지식플러스

개도 성형을 한다고 해요

우선 개의 불편함을 줄이고 질병을 예방하기 위한 성형 수술이 있어요. 예를 들면, 콧구멍이 너무 좁아 코로 숨을 쉬지 못하는 개의 콧구멍을 넓혀 주는 수술이나 눈꺼풀이 말려 힘들어하는 개의 쌍꺼풀 수술이 있죠. 그리고 얼굴에 주름이 많은 개의 피부 짓무름과 안과 질환을 해결하기 위한 주름 제거술, 선천적으로 다리가 휜 개의 관절통과 연골 손상을 막기 위한 오다리 교정술 등도 있고요. 사실 대부분 이렇게 개의 건강과 편의를 위한 수술이지요. 하지만 요즘 수술을 받고 예뻐진 개의 외모를 보고 일부러 성형을 시키는 주인들이 늘고 있어요. 사실 꼬리 일부를 잘라 보기 좋게 만들거나(단미), 귓불을 줄이고 귀를 쫑긋하게 만들어 주는 수술(단이)은 예전부터 흔히 행해졌어요. 그런데 이젠 보톡스 시술, 지방 제거 수술, 출산을 마친 암캐의 가슴 성형 수술까지 이루어지고 있답니다. 개가 불편해하는 것도 아닌데 주인이 자기가 보기 좋은 대로 외모를 바꿔도 되는 걸까요?

별난 동물에게도 관심을

혹시 외모 때문에 놀림을 받거나 고민해 본 적이 있니? 물론 우리는 외모만 가지고 사람을 판단하고 차별하는 것이 나쁘다는 걸 모두 알고 있지. 그런데 놀랍게도 그런 외모지상주의가 사람들에게만 해당하는 것은 아닌 것 같아.

2016년 3월, 호주의 한 연구팀에서 '무섭거나 못생긴' 동물들이 판다처럼 귀여운 동물들에 비해 사람들의 관심을 받고 있지 못하다는 연구 결과를 발표했어. 호주에 서식하는 포유류 331종에 대한 연구 논문을 분석한 결과, 못생긴 동물로 분류된 동물은 '이러이러한 동물이 있다.'라는 기록 외에 보존을 위한 연구 및 노력이 거의 진행되고 있지 않았던 거야. 그래서 금방 멸종될 수도 있다고 해.

많은 동물이 인간의 기준으로 볼 때 못생겼다고 제대로 보호받지 못한다는 것이 정말 안타까워.

'동물 외모지상주의'를 벗어나려는 노력

'못생긴 개'가 상을 받는다고?

세계에서 가장 못생긴 개 선발 대회((The World's Ugliest Dog Contest)가 있어. 외모와 상관없이 존재 자체만으로 사랑과 존중을 받는 개들이 참가하지. 매년 보통 6월 넷째 주에 미국 캘리포니아 페탈루마에서 소노마-마린 박람회의 일부로 진행돼.

이 대회의 심사 기준은 '다른 개보다 특별한 점', '성격', '못생긴 외모'야. 참가한 개 중 가장 못생겼다고 뽑히면 '세계에서 가장 못생긴 개'라는 타이틀과 함께 상금과 트로피 및 부상을 얻게 돼. 방송을 통해 이 대회가 꽤 유명해져서 매년 2~3만 명 정도의 사람들이 자신들의 개와 함께 참석해.

하지만 이 대회는 못생긴 개들을 놀리거나 비웃는 대회가 아니야. 대회의 진짜 목적은 못생긴 개들의 구조와 입양을 통해 새 가족을 찾도록 돕는 거란다. 그들이 비록 못생긴 외모를 가졌지만 사랑스러울 수 있고 또 행복한 삶을 살 수 있다는 것을 보여 주려고 하는 거야.

그래서 실제로 대회에 참가한 개들의 상당수가 보호소에서 구조되어 입양된 개들이야. 또한, 대회를 통해 좋은 가족을 새롭게 만나기도 하고 말이야.

'못생긴 동물 보호 협회'의 탄생

'못생긴 동물 보호 협회'라는 모임에 대해 들어본 적 있니? 이 협회는 2013년에 영국 코미디언이자 생물학자인 사이먼 와트가 설립했어.

사이먼이 못생긴 동물에게 처음 관심을 두게 된 데는 특별한 계기가 있어. 바로 2011년에 코미디쇼의 기발한 아이디어를 찾다 우연히 보게 된 한 기사 때문이었지. 호주의 깊은 바다에 사는 블로브피쉬가 못생겼다는 이유로 멸종

+ 지식플러스

'못생긴 동물 보호 협회'는 무슨 일을 할까요?

협회에는 음악가, 배우, 과학자 등 다양한 분야에서 일하는 40여 명의 협회원이 있어요. 이들은 영국 전역에서 '못생긴 멸종 위기 동물을 보호합시다.'라는 캠페인 활동을 펼치고 있지요. 그리고 못생긴 동물과 관련된 책을 출간하기도 하고, 학교 등을 방문해서 교육 활동도 하고 있답니다.

위기에 처했다는 기사였어. 여기서 영감을 얻은 사이먼은 블로브피쉬로 분장을 하고 쇼 무대에 섰어. 그리고 외모로 차별하는 것을 비판하고 멸종 위기의 심각성을 알려서 관객들에게 큰 호응을 얻었지. 그리고 사이먼은 이 문제를 한 번의 쇼로 끝내지 않고 정식으로 '못생긴 동물 보호 협회'를 만들었단다.

'못생긴 동물 선발 대회'

'못생긴 동물 보호 협회'의 활동 중 사람들에게 가장 많은 관심을 받는 것은 바로 '못생긴 동물 선발 대회'야. 많은 사람을 대회의 투표에 참여하게 해서 '못생긴 동물'에 관한 흥미와 관심을 불러일으키려는 거지. 아무래도 투표하려면 '못생긴 동물'에는 어떤 동물이 있는지 궁금해하며 알아보려 할 테니까.

대회는 매년 이루어져. 그런데 항상 비슷한 동물들이 순위로 오른대.

순위에 오른 동물들은 어떤 동물일지 궁금하지? 어떤 동물을 뽑고 싶은지 한 번 조사해 볼래? 세발가락나무늘보, 아귀, 코끼리바다물범, 아이아이원숭이, 코모도왕도마뱀, 캘리포니아 콘도르, 흑멧돼지, 코주부원숭이, 카카포, 블로브피쉬, 주걱부리황새, 큰머리거북, 버팔로피쉬, 돼지코개구리, 철갑상어 등이 있어.

참고로 이 협회에서는 1위로 선정된 동물을 마스코트로 삼고 있는데 첫 대회에서 1위를 차지한 블로브피쉬가 여전히 협회의 마스코트 역할을 하고 있어.

교과서 속 동물권 키워드

 # 반려동물 사람과 함께 더불어 살아가며 안정감과 친밀감을 주는 친구나 가족과 같은 동물을 의미해요. 예전에는 키우며 사랑과 즐거움을 얻기 위한 도구적인 의미가 강했던 '애완동물'이라는 표현을 많이 사용했지만, 요즘은 함께 살아가는 반려자와 같다는 의미를 담아 '반려동물'이라고 널리 불리지요.

 # 유기 동물 주인이 죽어서 더는 돌봐 주지 못하거나 실수로 잃어버려서, 혹은 의도적으로 주인이 버린 동물을 의미해요. 처음에는 예쁘고 귀여워서 키우다가 외모가 마음에 들지 않아서, 혹은 많이 다치거나 질병에 걸렸는데 치료비가 부담돼서 등의 다양한 이유로 버려진다고 해요.